A Guide to Psychotherapy

心理療法ガイドブック

ジェラルド・アマダ●著
Gerald Amada

上地安昭●監訳
Uechi Yasuaki

亀田佐知子●訳
Kameda Sachiko

誠信書房

A GUIDE TO PSYCHOTHERAPY
by Gerald Amada, Ph.D.

First published in the United States by M. Evans and Company, Inc.,
Lanhan, Maryland, USA.

私の患者たちへ、そして
シティ・カレッジ・オブ・サンフランシスコの学生たちへ

われわれはこのうえなく断固として次のような視点を拒絶した――助けを求めて私たちの胸に飛び込んできた患者を自分の所有物へと変えてしまうこと。患者の運命を本人に代わって切り開くこと。われわれ自身の理想を患者に押し付けること。創造主のごとき傲慢さをもってわれわれのイメージどおりに患者を作り上げること。それこそが正義だと考えること。……私が言いたいのは、なにがあっても、こうしたすべては横暴にすぎないということだ。たとえ、きわめて賛美すべき動機という衣で扮装していても。

――ジークムント・フロイト

目次

心理相談Q&A

序　文

本書をひとことでたとえるなら、われわれの精神と心、そして知性を導いてくれる頼れる旅行書、あるいはマルコ・ポーロのごとき冒険家とでも言えるでしょうか！　なによりもまず、このコンパクトな珠玉の著作を案内役として利用できる幸運に、私の胸は躍りました。アマダ博士は、誠実かつ詳細な紹介により、心理療法という旅へわれわれを誘い、興味をかきたて、その魅力を披露してくれます。ところどころに奇怪な生物や罠が潜み、同時に大いなる豊穣をも抱く土地にたいするわれわれの恐怖心を鎮めてくれます。これ以上思いやり深く理解ある旅のガイドは望めないでしょう。

アマダ博士が差し出してくれるのはすぐれた地図と旅の手引書だけではありません。われわれが自由な消費者選択を行えるよう、内部事情や情報をすべて公開してくれます。心を扱う市場は長いあいだこうした海図を欠いていました。心理治療サービスの潜在的消費者は、理解と、責任ある賢明な決定のための道具を手にしたことになります。

しかし、このコンパクトな手引書の売り物はシンプルさだけではありません。アマダ博士は、癒しをもたらす「解決」は病を深めるばかりか、病を作り出すこともあるという医原病（訳注1）のもつ罠をうまく覆しました。健康にいたる心理療法への道を明示するだけでなく、たちまち読者を巻き込んで健康を創り出していくのです。実際、旅行者を自分との旅に誘《いざな》うことで、健康の本質とはなにかを示します。これは、たんにはるか彼方の地を優雅に展望するのとは違い、間違いなく旅へと踏み出す最初の一歩であり、読者は、自発的決定という心の浮き立つ自由と、協働という癒し効果のある相互依存とに目覚めることになるのです。

われわれのガイドはなんの約束もしませんが、約束を創り出す機会を提供してくれます。すばらしいのは、そこに尊敬と共感の情があることです。亡霊の圧政から解放されたいと願う者によせる博士の尊敬と共感は健康がもつ資質そのものであり、さらに、博士の穏やかなプロセスへと織り込まれ、他者の亡霊からの解放と成熟した人間としての調和が実現される日の訪れを約束するのです。

アマダ博士は、専門的職業がはらむ重大なミステリーの解明に多大な役割を果たしてくれました。神話的要素を取り除くためのこのごまかしのない作業は、素人である私たちへの贈り物であり、同時に挑戦でもあります——われわれはそれを大切にしなくてはいけません。

カリフォルニア州消費者問題局局長（一九七六～一九八三年）

リチャード・スポーン

（訳注1）医師の診断治療行為によって患者にあらたに引き起こされる疾病および疾病状態。本来は医師の不適切な言動、または患者の誤解、自己暗示などによる心因的異常を指すが、広義には医療に基づく種々の副作用・後遺症をも含む。

まえがき

すべての知的職業は素人にたいして陰謀を図る――これは、ジョージ・バーナード・ショーが劇中人物に語らせた気の利いたセリフです。残念ながら、職業としての心理療法も、一般の方からこのようにとらえられることがあります。批判的な見方をされる原因は、心理療法家自身にもあるのでしょう。自分たちの仕事が成し遂げた前向きな成果を、わかりやすく説明することにあまり積極的でないのもそのひとつです。

本書は、心理療法という職業的実践が備えている機能や潜在的利点を描き出そうと試みたものです。専門用語は使わず、患者の視点と、治療者としての私の視点、双方から説明しました。こうすることで、あまたの論争と不可解さに取り巻かれてきた心理療法というテーマの名誉を挽回し、神秘性を取り除きたいのです。

個人の自己イメージやメンタル・ヘルスの改善につながる心理的ガイドラインを提供する、価値ある著作は数多くあります。こうした「セルフ・ヘルプ」本の大半は、過去や現在の、精神の安定を乱しがちであまり人には知られたくない類の心理的影響の正体を探る手がかりを与えてくれます。また、心理的苦痛の原因を克服するための提案や励ましが得られることもあります。

心理的な悩みを抱える人は、多くのすぐれた研究文献にも目をとおすかもしれません。そうした文献は、心理療法家によって心理療法家のために書かれたものが主流なため、かなり理論的かつ抽象的ですが、心理療法の実践について理解を助けてくれるうえに、人間のパーソナリティとはどんなものかについても、価値ある情報を提供してくれます。

心理療法家として私は、一般の方々に心理療法について話す機会も多くありました。そして、聴衆の皆さんがどんな性質の集団かには関わりなく、多くの同じ質問があることに気がつきました。「心理療法ってなんですか？」「治療者に診てもらうべきか、どうしたらわかりますか？」「優秀な治療者を選ぶにはどのような方法がありますか？」といった質問です。

本書では、読者の皆さんにとって興味深く利用価値のある方法でこうした質問に答えようと試みました（それが実現していることを祈ります）。本書の第一の読者対象は、心理療法を受けてみようかと考えている人、あるいは、すでに心理療法家に診てもらっているけれども、まだまだ心理療法について多くの疑問が解決されていない人たちです。さらに、患者から必ず尋ねられる同じような多くの質問について議論することで、駆け出しの心理療法家の皆さんの助けになればとも思います。

現在、一般に受けることのできる心理療法は、おそらく約二五〇種にのぼります。こうした多岐にわたる治療が共通して立つ基盤（があるとするならば、それ）を見つけようと試みましたが、読者の方々は、私が精神分析的心理療法に強く傾倒していることを難なく見抜かれることでしょう。

本書の初版発行以来、一般読者の方、専門家の方、双方から、本書の強みや欠点をはじめさまざまな印象をお聞きする光栄な機会に恵まれました。忌憚のない意見をお寄せくださった読者の皆様に、心から感謝いたします。南カリフォルニアにお住まいの男性は、「あたたかく人間味あふれる筆致に

『感激』した」と手紙に書いてくださいました。また、同僚の心理療法家たちの多くは、「(クライエントとの面接中には、なかなか十分な説明を用意できない類の）意見や概念を、現実的に、かつ品位を保って提示した」と評価してくれ、自分の受けている心理療法の土台となる原理とガイドラインに好奇心を示したクライエントには、ガイドブックとして本書を推薦してくれました。

また、一部の評論家の方々は、本書が、セルフ・ヘルプ本の書棚を飾る多くの類書とははっきりと異なり、手っ取り早くマシな生活を手に入れるための現実ばなれしたレシピや治療法、退屈な説教を長々と垂れることがない点を称賛してくださいました。反対に、少数ではありますが、「シンプルな」心理学的質問を複雑にしたり過剰に分析したりする私の傾向（真偽は別として）にたいして、多少の不満を表明した方々もありました。しかしながら、本書を読んで、情緒的な意味でも、知的な意味でも、問題意識をいっさい刺激されなかった、なんの変化も受けなかったという意見がほとんどなかったことには、満足を感じております。次の読者となるあなたもまた、本書に描かれている広大で展望ある可能性からなんらかを感じ取り、より豊かな自己へと到達されますよう、心から願っています。

ドナルド・クリゲット博士、ジョエル・サルディンガー医学博士、メアリー・リオーダン氏には、本書にたいして多くの有益なご意見やご提案をいただきましたことに心よりお礼申し上げます。

最初に本書の出版に向けて動いてくださった出版社、ユニバーシティ・プレス・オブ・アメリカ社の前プロモーション・マネジャー、エリザベス・カーンズ氏には、出版に向けて寛大かつこまやかなご支援をいただきました。深く感謝しています。

また、編集担当のリック・ラインハート氏には、本書発刊に向けての再出発をサポートいただきました。出版まで導いてくださった彼の多大なる厚意に深く感謝します。プロダクション・エディターのジャンヌ・シュヴァイツァー氏は、急激に変化する編集上の数ある障害をくぐり抜け、本書を安全に道案内してくださいました。

アメリア・リッピ氏は、初期の原稿にたいして惜しみない助けを提供くださり、ともに仕事をした数年のあいだ、多くの厚意と友情を示してくださいました。

娘のロビンは、最終稿のタイピング、それに校正にもすぐれた手腕を発揮してくれました。

家族の他のメンバーにもほんとうに感謝しています。マルシア、ナオミ、ローリー、エリック、義理の息子ジェイ、スコット、そして、たまにはぼんやりすることを理解とユーモアで許してくれ、同時に、地に足を着けていられるよう助けてくれたアイラにも、感謝しています。

最後に、患者の皆様にお礼を申し上げたいと思います。助けを求めることにより、皆さんは、なにも代えがたい機会と特権を私に与えてくださいました。本書では、基本的事実をなんら変えることなく、同時に、個人情報の特定を避けるための十分な変更が加えられていることをお約束します。

この先に進む前に、読者の皆さんにお断りしておきたいと思います。各章では、患者や治療者を示す男性代名詞と女性代名詞をそのときどきで気ままに使い分けましたが、それが公平で耳障りでないことを祈ります。

カリフォルニア州サンラファエルにて　ジェラルド・アマダ（Ph. D.）

1 心理療法とはなにか

心理療法（psychotherapy）は、ふたりまたはそれ以上の人間のあいだに働く複雑な相互作用だと言えます。そのうちのひとり（患者）は、感情にまつわる問題について、訓練を受けた専門家の助けを求めており、専門家は、前向きで信じて疑わない（そして信用できる）関係を患者とのあいだに築くことで、相手が成熟・成長するのを手伝おうとします。さらに心理療法は、癒しのプロセスと見ることもできます。患者が無意識に、そして当然のごとく、だれよりもまず自分自身に隠してきただろう「自己」について知る作業を、心理療法家が手助けするのです。

「心理療法とはなにか」を説明するために、多くのモデルやたとえが用いられてきました。どれも評価に値するものですが、逃れようのない欠点も持ち合わせています。たとえば医療モデル（medical model）のなかでも典型的なものは、精神科に通う患者が苦しんでいる「疾病」は、医学的根拠のある技術や診断、治療計画、予後診断の確定といった手続きを踏んで「治療する」必要がある――という前提に立っています。この医療モデルを厳密に信奉する者たちに言わせれば、心理療法は、特定の科学的原理と考え方を確固とした基盤として成り立つものです。つまり、その原理や考え方を治療者が正しく研究・応用すれば、健全なレベルの予測可能性、客観性、検証可能性が治療において確保できるのです。

いっぽう、患者と治療者の関係はまさに一種の友情であるという考え方が友情モデル（friendship model）ですが、むろんこれは、いままでにはなかった例外的なタイプの友情を表しています。

また、心理療法で生まれる相互作用は創造的かつ美的なもので、場合によっては至高とも呼べるような究極の芸術形態である――というのが芸術モデル（artistic model）の考え方です。

そして、情緒的問題を抱えている人は「悪しき」習慣や態度、行動パターンを学んでしまったのであり、おもに教育上の矯正的努力によって「その悪い学びを捨て去る」手助けができる――というのが、教育モデル（educational model）による説明です。

各モデルの説明は皆すぐれていますが、どれも現実を簡略化したものにすぎないため、心理療法の本質をなす多くの複雑性や曖昧さ、思いがけない発見といったものを説明できてはいません。そこで私は、いま紹介した各モデルから自由に拝借しながら、心理療法のもっとも本質的な要素とはなにかを特定したいと思います。つまり、心理療法という人間的努力をうまく機能させる（もしくは失敗に終わらせる）ものの正体を探ろうというのです。

心理療法家に関しては、誤解が蔓延しています。心理療法家は、どんな音でもスポンジのように吸収できる吸音板、あるいは、情報を機械のように取り入れて機械のように加工し、寸分の狂いもなく科学的解答をはじき出す得体の知れないコンピューターにすぎないと思われているのです。欠点がなく、感情を表に出さず、なにを考えているのかよくわからず、驚くほどなんでも知っていて……そういった雰囲気を気取ることで、意識的に、もしくはうかつにも、こうした神話の形成に寄与している心理療法家がいるのは残念なことです。こうした誤解もあるものの、基本的には、心理療法は**人間関係**の一種だと見るべきですが、もちろんそれは通常の人間関係とは一線を画します。

心理療法がある種の人間関係だとすれば、どんな点が特別で、他の人間関係と違っているのでしょうか。心理療法の本質はなんなのか――このとらえどころのない複雑な課題に取り組むために、「心理療法という関係性は、人間関係のなかでも実に特別で類を見ないものである」という考え方を裏づける諸要素を検討していきましょう。

第一に、心理療法においては、情緒的苦痛や葛藤の只中にいる人間が、自分の胸の奥深くにある個人的なことがらを、ほんとうの意味で**聴いてくれる**人間とわかちあいます。治療者の聴き方はふつうとは違い、患者の話の内容に加え、声のトーン、抑揚、話し方の特徴にも耳を傾け、ボディランゲージや身振りの癖にも注目します。さらに、ことばやそれ以外の方法で治療者とどうコミュニケーションをとろうとするかといった、患者の関係性の質にも注意します。治療者のこうした聴く姿勢は、忍耐強く、強い意志をもち、紛れもない熱意を傾けることで可能になるものです。患者が、余すところなく、思う存分自分の気持ちを話せるように手助けしたいという気持ちがあるのです。

治療者の聴く態度には、また別の側面もあります。患者がことばを使ってはっきりと伝えることとそれとなく示すことの両方に加え、患者が「ほんとうはなにを意図しているのか」まで聴きとろうとする点です。無意識の奥底に隠されたものを理解する手がかりを求めて、セオドア・ライクの書名タイトルを借りれば「第三の耳」で聴くわけです。(訳注1) こうした点では、治療者の聴くスタンスは力動的な聴き方(dynamic listening)と呼ぶことができます。人間の外側の顔(パーソナリティ)の下に隠れている、ダイナミックかつ無意識の心理的な力を、どうにかしてとらえようとする聴き方なのです。

簡単な例を挙げてみましょう。私が約一か月にわたって面接をしたある患者は、毎週こう言い張りました――「ぼくが苦しんでいる問題の『くだらなさ』を知れば、先生は間違いなく、『治る見込みなし』と判断してとっととぼくを追い出しますよ」。私は、彼の抱える問題を「くだらない」とも「治る見込みなし」ともまったく考えていませんでしたし、治療を打ち切る気もなかったので、彼がそう主張するごとに、とくに気をつけて様子を観察しました。すぐに気づいたのは、私と、治療者としての私の能力とにたいし、彼がある種の軽蔑を示していることでした。情緒的に問題のある患者を(「くだらない」問題を抱えている人間として)軽く扱うとんでもない間抜けか、もっとひどいことに、「治る見込み」がなさそうだと思えばたちまち患者を面接室から追い払う人でなしだとみなすことで、私への侮蔑を表現していたのです。彼が、私と心理療法の両方を否定しているのはあきらかでした。それまで彼が依存していた他の人間からされたのと同じように、私からも拒絶されるだろうと考えていたのです。

私は彼に尋ねました――ひどい扱いを受けたらどうしよう、きっと受けるだろうと思うせいで、「私から見離される」前に自分から私のもとを去る用意をしているのではないですか、と。また、彼の抱えている問題はくだらないとも解決不能だとも思えない、と伝えました。すると彼は、「治療をやめる気なんてまったくありませんよ」とすごい勢いで否定し、治療を続ける意思があるとあらためて断言しました。ところが、それから何回か面接をしたあと彼は電話をよこし、治療を終わりにしたいと言ったのです。仕事の都合、というのが表向きの理由でした。

約一年後、その患者は治療を再開しました。そして、前回の治療を終わりにしたのは、私に拒絶されるのが恐ろしかったせいだと認めました。あのときは、拒絶されることに圧倒的な恐れを感じながらも、自分の行動についての私の解釈を受け入れられなかったと言うのです。しかし彼は少しずつ、私にたいして感じていたさまざまな恐怖に立ち向かい、克服していきました。その結果、私以外との人間関係も目に見えて改善されたのです。治療者が、患者の語る内容そのものだけでなく、そのことばの裏に隠れたほんとうの意図にどのように耳を傾けるかが、この例からわかっていただけるでしょう。

心理療法を介する関係が他の多くの人間関係と異なる第二の要素は、「治療者は患者にたいして批判的な態度をとらない」という点です。治療をつうじて、患者は周囲の人々とのさまざまなやりとりについて語ります。多くの人間がそうであるように、患者のなかにも、無神経だったり、人をバカに

(訳注1) セオドア・ライク (Theodor Reik, 1888–1969) はフロイトの弟子でもあった精神分析家。著書に『*Listening with the Third Ear* (第三の耳で聞く)』がある。

した態度をとったり、ときには残酷性を見せる者がいるのは仕方のないことです。もちろん、そうしたふるまいを大目に見たり、同意を示したりするのが心理療法家の仕事ではありません。冷酷な考え方や行動は、その人間が不幸せな状態にあることを示す普遍的なサインであると治療者は知っています。そうした残酷さや愚かさを理由に、ただ患者を嫌い、批判し、責め立てても、患者が根底にもつ葛藤を増悪させるだけで、むしろ、反社会的な行動を助長してしまうとわかっているのです。

患者のふるまいに強い嫌悪を感じても、治療者は、これまで受けた専門的訓練や客観性、自制心によって、道徳的に断罪したりそれを口にしたりするのを抑えることができます。むしろ、患者の無責任さや残酷な言動の原因を理解し、**患者自身にも理解してもらう**ことを、治療者は強く望んでいるのです。だからといって、心理療法家には道徳観が欠けているとか、患者の行動の道徳的な意味やもたらす結果にたいして関心が薄いわけではありません。そうではなく、患者のふるまいを非難したり、上からものを言ったりするような態度は、ただ患者をおとしめ突き放すだけだとわかっているのです。残酷で無神経なふるまいというのは、なにより疎外感や屈辱感から生まれるものです。だからこそ治療者は、非人間的な行動へと人を駆り立てる苦悩を理解し共感しようと努めます。個人的判断を排し、理解と共感をとおして自身の人間性を示すことで、患者が、みずからの有害で破壊的な傾向について よく考え、解決しようという真摯な意欲を起こすことを望んでいます。理不尽な行為や無責任なふるまいに走る傾向を断ち切るには、そうする以外にないからです。

心理療法が他の人間関係と違っている点は、ほかにもあります。特徴と呼ぶには漠然としていますが、「患者と治療者の双方が、患者のこれまでの人生にたいして深い興味と好奇心、真摯さをもって相対する」という点です。心理療法では、患者とその人生は価値ある大切なもので、それを詳しく知ろうとするのは絶対的に意義のあることだという態度が一般的です。一見、些細でありふれたばかばかしいものごとも、患者が考えること、感じることはすべて、敬意と関心と誠実さをもって扱われます。たとえば、移ろいやすい考え、「奇妙な」思いつき、あるいは、その場かぎりの本能的な衝動さえも、真剣に労を惜しまず探究すれば、自分の心がどう働き、自分は人生をどう生きているかという鋭い洞察に到達できる——患者がそう気づくことも珍しくないのです。

だからこそ治療者は、患者の思考、感情、行動など、事実上すべてを知ろうと努力します。もちろん、他者についてすべてを知ろうとしても、それが完全に成功することはありません。よく言われる神話に反して、患者は**いかなるときでも**、自分自身が考え、感じ、行うことに関しては、治療者よりもよくわかっているからです。治療者は、患者の後ろから追いつこうとする立場にあるのですから、患者がみずから語ること以外にはなにも知りえないのです。

患者が自覚していることを、できるかぎり治療者と共有できるように手助けすることこそ自分の仕事だと、治療者は考えています。この点については、ある高名な権威が次のように語っています。「長年にわたって精神分析を施した患者でも、分析者にとっては、知らないことのほうが多い存在である——世界を旅する探検家が、ある大陸に足を踏み入れた瞬間にその大陸を『知る』程度にしか、患者を知ることはできないのだ」。

これはおそらく、実にうまいたとえに違いありません。しかし、治療者が患者について知りうる程度が、つねに患者自身にはかなわないからといって、一緒になって不安を抱いたり希望を失ったりする必要はないのです。実際は、患者と治療者のあいだにこうした理解のアンバランスがあることで、成長と発展につながる最大の刺激がもたらされるのです。治療者は患者のことを心から知りたいからこそ、患者が自分について説明する気になるようにできるだけ努力します。この人間は実はどんな人物なのか——内側も外側も——を発見するプロセスは、患者と治療者双方にとって、目を開かれるようなエキサイティングな経験であり、他のいかなる発見にも劣りません。他者の目をとおして世界を見る機会を与えられることは、治療者に固有の特権であり冒険とも言えます。また、客観的かつ共感的な専門家である他者が、自分の人生と幸福のあらゆる面について深い関心を抱いていると知ることは、患者にとってきわめて感動的で、心から大切にしたい経験なのです。

最後になりましたが、「患者にあまり期待しない」ことも、心理療法を介した関係がそれ以外の大半の人間関係と異なる理由でしょう。たいていの人間関係においては、お互いに期待することで関与する人間のつながりが活性化し、堅固なものになるという効果があります。たとえば親子関係では、ティーンエイジャーの小遣いの額や門限の時間が、家事を手伝ってほしいという親の期待にどの程度こたえるかに左右されるのはあきらかです。労使関係では、被雇用者が社内で昇進するか降格するかは、生産性、忠誠心、正確性その他もろもろについての上司の期待に彼がどうこたえるかが大きな決定要因です。教師と生徒の関係では、学業において生徒が教師の期待にどれだけこたえるかで成績が決まるのは言うまでもありません。

「なんていい子なんでしょう！」という母親の声を聞きたい一心で、赤ちゃん向けの離乳食を卒業し、（オムツではなく）トイレで用を足せるようになったときからずっと、私たちは、他者の期待を満たして喜ばせることに、感情のエネルギーの大部分を注いできたのです。あらゆる人間関係において、お互いに期待する気持ちはきわめて当然かつ不可欠な役割を担っています。そのため、自分の努力や目標のどこまでが真に自発的で自己充足的なのか、あるいは、どこまでが自分以外の人間の考えや信念による入れ知恵なのかを見分けるのは、きわめて難しいものです。しかしその判断は重要で、人生をつうじての仕事であり、これにどの程度成功するかが個人の幸福感に大きく影響するのです。

人生においては、他者からの期待に大きく左右されることが多々あるため、心理療法を受ける患者の大半も、治療者が自分にたいしてはっきりした期待をもつものと考えます。その結果、治療者にとって受け入れやすく、望ましいに違いないと思える態度をとる患者もいます。たとえば、「治療者は私との時間を楽しみたいようだ」と感じている患者は、治療のあいだ、特別ウィットに富んだ人間を演じてみたり、愉快な患者になろうとしたりするのです。それは意識的に行われる場合もあれば、無意識の結果ということもあります。

しかし、優秀な治療者なら、患者の行動や態度に条件や期待を課すことは（皆無ではないとしても）ほとんどないでしょう。つまり治療の場では、患者は好きなことを感じ、考え、表現する完全な自由を手に入れるのです。だからといって、治療者の道徳的・社会的基準が侵害されることがあってはなりません。(患者は治療で思うままに**ふるまってよいのです**——とあえて言わないのは、例外的な状況があるからです。たとえば、面接中に飲酒するような、どうみても挑発的な患者もいます。こうした場合は、最低限、治療者の意向に沿った行動をとるよう患者に強く言う必要があるでしょう)。

治療者が、自分や他者にたいしていっさい私的な期待をもたないわけではありません。だれもがそうであるように、治療者ももちろん、他者にたいして社会的・道徳的な期待を抱きます。ただ、患者の手助けをする際は、訓練と職業的技術によって私的な期待や要求を(それがどんなものであれ)抑えることができるのです。すなわち、治療者が私的な期待をよせたせいで、患者が自分自身に期待できなくなったり、自分に期待することの意味を見失ったりしないように、治療者は意識して自制するのです。

だからこそ、治療者は患者の権利を尊重します。落ち込む権利、有頂天になる権利、(そのふたつのあいだに位置するあらゆる気分になる権利)、心理的な意味で前進する権利、立ち止まる権利、後退する権利、そして、準備が整えば好きな方向に自分のペースで進んでいく権利。ありのままの自分を受け入れるのに、いかなる資格や条件も必要ありませんし、治療者の尊敬や評価を得るために、みずからの態度やふるまいを改善することもありません。こうした視点に立てば、心理療法を介した人間関係と、それ以外の人間関係とは、容易かつ明確に見分けられます。

ちなみに、心理療法を受けている多くの患者が、治療者のこの「期待しない態度」を、無条件にありがたがっているわけではありません。少なくとも治療が始まったばかりの段階ではそうです。患者たちの多く、とりわけ、権威主義的、独裁的な家庭環境で育った者にとっては、他者につき従い、黙って言うことを聞くように求められる関係がもっとも安心できるのです。そうした人は、他者の支配下におかれることに腹を立てながらも、コントロールされ巧みに導かれるときにだけ居心地よく感じるのかもしれません。結果として、同調的傾向の強すぎる患者が社会的・心理的な自由を与えられると、しばらく不安状態におかれる場合があります。患者である自分の私的な決意や感情をいっさいコントロールしようとしない治療者には、なにか別の意図がある気さえしてくるのです。

この疑い深さが高じて、治療者を試そうとする患者もいます。自分の私的な決断について助言を求めたり、実行の許可をとりつけようとしたりするのです。エーリッヒ・フロムの有名なフレーズを使えば、患者はこうして「自由からの逃走（escape from freedom）」を試みるわけです。(訳注2)

自由に考え、感じ、望みどおりの自分でいられるとなると、患者はうろたえ、混乱します。しかし最終的には、心理療法を受ける患者の大多数がこのユニークな形式の自由を愛し、大切に感じるようになります。多くの人間にとって、心理療法によってもたらされるこうした自由こそがまさに、過去の心理的束縛から自分を解放し、心理療法という経験をほかでは得られないものにしてくれるのです。

（訳注2）　エーリッヒ・フロム（Eric Fromm, 1900-1980）はドイツ生まれの米国の精神分析学者。著書に『自由からの逃走』〔日高六郎訳、東京創元社刊、原題 *"Escape from Freedom"*〕がある。

2　心理療法の歴史

争いや不幸なできごとの起きない社会はありません。そのため、私たちがいま「治療」と呼んでいるものは、あきらかに、人間が社会的存在になったときからずっと必要とされてきました。このニーズにこたえて、もっとも初期の社会では、哲学者や聖職者、シャーマンなど、人間生活の複雑さやジレンマに取り組むことを第一の役割とした人たちが現れました。現代の心理療法家は、何世紀も前に生きたこうした賢人や聖職者たちの正当な後継者とみなせるのかもしれません。

今日存在する多種多様な心理療法は、多かれ少なかれこうした祖先たちの考え方――医師の力を借りて病を癒すという原始宗教的なもの、個々人が遭遇する社会適応問題に解釈を加えるという哲学的なもの、そのどちらも――を反映し続けています。

近代心理療法のはじめは、しばしばアントン・メスメル（Anton Mesmer, 1734-1815）に遡って語られます。オーストリア人のメスメルは催眠状態を発見し、ヒステリー状態の治療手段として利用しました。彼は長年にわたり人々から熱狂的な崇拝を受けましたが、やがて人気は衰えていきました。

しかし催眠術自体は、おもにジャン＝マルタン・シャルコー（Jean-Martin Charcot, 1825–1893）の貢献により、一九世紀後期にふたたび社会で日の目を浴びるようになります。シャルコーは催眠術を使って、当時あきらかによく見られたヒステリー盲やヒステリー発作、失神発作をはじめとした障害の治療にあたりました。

近代心理療法の創始者として知られる最重要人物は、なんといってもジークムント・フロイト（Sigmund Freud, 1856–1939）です。フロイトはシャルコーと研究をともにし、当初は催眠術の効果に興味をもちましたが、のちにはその分野をさらに超えて研究を進め、精神分析（psychoanalysis）の創始者として無意識という概念を発展させました。彼の発見まで、この無意識という概念は心理学においてあまり知られていない存在でした。人間性における無意識的かつ非合理的な要素を探求・理解するための新しい洞察と方法こそ、フロイトの発見が西洋文化にもたらしたものです。

歴史的に見ると、精神分析ではいくつかの要素が強調されてきました。小児性欲、欲動、無意識の役割、抵抗（すなわち、無意識的なものごとの覆いをはがすのに障害となるもの）、そして、感情転移などです。感情転移は精神分析の中心的概念のひとつで、心理療法においてその人の過去が再生されることをいいます。フロイトの生涯や理論はしばしば論争や憎悪の対象となりましたが、それでも、精神力動論を指向する大多数の心理療法家は非常に多くの点で彼の恩恵を受けていると言えます。その証拠として、現代の心理療法家たちによる専門的な論議や文献には、無数にフロイトが引用され続けています。

フロイトに影響を受けた卓越した治療者のひとりが、カール・ユング（Carl Jung, 1875–1961）です。彼は著作のなかで、フロイトが提唱した小児性欲を重要視しない立場をとりました。また、無意識は受け継がれるもので、私たちの祖先の心に生まれた記憶や元型――太母（the Great Mother）などをはじめとする中心的イメージ――の「集合的」な貯蔵庫だとみなしました。

アルフレッド・アドラー（Alfred Adler, 1870–1937）もフロイトと同時代を生きた人ですが、無意識と性欲の果たす役割には重きをおきませんでした。いっぽうで、権力、支配、自尊心を求める意志といった社会的要因を重視する傾向にありました。

精神分析運動における重要な人物は、ほかにも存在します。ここ米国でとりわけ影響の大きかった人物としては、カレン・ホーナイ（Karen Horney, 1885–1952）、ハリー・スタック・サリヴァン（Harry Stack Sullivan, 1892–1949）、オットー・ランク（Otto Rank, 1884–1939）、エーリッヒ・フロム（Eric Fromm, 1900–1980）らが挙げられます。こうした「新フロイト派」の傑出した人物たちは、人格の発展には社会的・対人的な力が重要だと強調した点で、影響力がありました。

精神分析運動において注目を浴びた治療者には、ウィルヘルム・ライヒ（Wilhelm Reich, 1897–1957）もいます。フロイトの精神分析を出発点に、ライヒは、精神疾患の生体学的起源を重要視しました。生体エネルギーの一形体を発見したとして、そのエネルギーを使ったオルゴン療法と、それを若干修正したバイオエナジェティック療法とを実践しました。

フリッツ・パールズ（Fritz Perls, 1893–1970）は、ライヒに大きな影響を受けたカリスマ的人物で、精神分析に傾倒した時期を経て、非言語的、身体的、あるいは有機体的な運動と感覚の重要性を強調し、そうしたものを心や精神の作用と同等に扱いました。パールズは思考よりも感覚に大きな価値をおき、「いま、ここで」生きることを重要とし、過去の人生に思いを馳せることには大きな意味を見出しませんでした。

米国では、カール・ロジャーズ（Carl Rogers, 1902–1987）が、影響力のある一派を発展させました。人間の善性に厚い信頼をよせることを基本にロジャーズが提唱する治療は、おもに、クライエントがみずからの感情を語ったことばをそのまま忠実に繰り返し、クライエントのもつ、ありのままで、前向きで、善良なものを引き出すことに全霊を傾けようとする方法です。ロジャーズは、抑圧された無意識的要素の存在はあまり重視せず、クライエントが、治療者から尊敬と「無条件の肯定的配慮（unconditional positive regard）」をもって扱われる治療によって、はかりしれないほどの収穫がもたらされると強調しています。治療者が楽観論にもとづいた尊敬の念をクライエントにたいして抱くことにより、クライエントは成長・成熟し、社会化し、達成感をもつようになります。

米国の心理療法における楽観的潮流と矛盾しないかたちで、別方向からアプローチされたのが、エリック・バーン（Eric Berne, 1910–1970）が創始した交流分析（transactional analysis）という治療です。不安や劣等感といった感情の克服を重要視している点からもわかるように、バーンのTA（交流分析）は、アドラー派の治療の流れを汲むと考えられます。

バーンは、著書『人生ゲーム入門——人間関係の心理学』〔南博訳、河出書房新社刊、原題 “*Games*

People Play"〕で、（不真面目で横暴なふるまい、などの）心理的現象を、「ゲーム」というもともとよく知られていて理解しやすいカテゴリーに分類することで、親しみやすい概念へと変化させました。

バーンによれば、個々人は、「親」、「大人」、「子ども」という三つのうちどれかひとつの自我状態に入ることで周囲に反応します。「親」は好ましくない状態で、厳しく不当な道徳性を表しています。「子」もまた望ましくない状態で、フロイトのイドの概念とほぼ一致するものです。すなわち、欲動と衝動に圧倒された結果として導かれる状態を表します。「大人」は事実上の理想的な状態で、合理的で成熟した道徳性を示しています。この状態が維持されれば、「子」をコントロールして指導し、「親」をなだめることができます。一九七〇年代のベストセラー、『I'M OK, YOU'RE OK　幸福になる関係、壊れてゆく関係――最良の人間関係をつくる心理学　交流分析より』〔宮崎伸治訳、同文書院刊、原題 *"I'm O. K.--- You're O. K."*〕の著者であるトーマス・ハリス（Thomas Harris, 1910-1995）は、こうした概念を使って心理的な幸福状態「ＯＫであること（OKness）」に到達する方法を示しました。

精神分析と大きな対照をなす一派としては、行動療法（behavior therapy）があります。この形態の治療としてよく引き合いに出されるのがジョセフ・ウォルピ（Joseph Wolpe, 1915-1997）で、彼は系統的脱感作法（systematic desensitization）として知られる方法を考案しました。この手法は、たとえば高所恐怖症など特定症状の克服を助けるもので、よく練られた無理のない段階を踏み、危険状況の階層表を一段ずつ上がっていくことで、対象となる症状を克服します。

行動療法では、観察可能で客観的評価のできる行動に注意の焦点が据えられているのはあきらかです。行動療法家は、恐怖症のようにはっきりとわかる症状を特定し、その症状を緩和したり「消去」したりするために、一連の指示を採用します、この手続きは、行動療法の創始者で、オペラント条件づけとして知られる方法を開発したB・F・スキナー（B. F. Skinner, 1904-1990）の初期の研究に多くを負っています。好ましくない行動を身につけた患者は、より健全な行動を強化するための報酬と、不適応行動を消去するための罰とを提示されることで、好ましくない行動から脱却できるよう条件づけられるのです。

行動療法における補助的な手法のひとつに、漸進的弛緩法（progressive relaxation）があります。快適な場面を想像しながらの呼吸法などもそのひとつで、不安を減らし、穏やかで静かな状況に置き換えることを明確な目的としています。

近年、大きな認知と尊敬を得ているのが実存的心理療法（existential therapy）という一派です。ロロ・メイ（Rollo May, 1909-1994）を中心に支持された実存的心理療法は、存在の直接性を強調します。人間をとりかこむ状況には、無意味さや不完全さという深淵があります。実存的心理療法では、お互いへの強い関心や共感を特徴とする、きわめて個人的で対等なパートナーシップを作り出すことで、治療者と患者が真っ向からこの深淵に対峙します。人間存在における恐ろしさ、不完全さに挑むメイは、みずからの治療形態をトーマス・ハリスの著作になぞらえてこう表しました――「私はOKじゃなく、あなたもOKじゃない。そして、それ自体はOKだ」。

米国の大衆の手に届くようになったさまざまな心理療法的治療のなかで、どちらかというと後発隊として現れたのが、原初療法（primal therapy）です。原初療法の創始者であるアーサー・ヤノフ（Arthur Janov, 1924-）は、自著『原初からの叫び——抑圧された心のための原初理論』〔中山善之訳、講談社刊、原題 *"The Primal Scream"*〕出版後、大きな喝采を受けました。ヤノフの理論によると、患者は、原初トラウマと呼ばれる幼いころのできごとに打ちのめされています。このトラウマは、両親が自分を愛していないと気づくことから生まれるもので、その子どもは幼い時期に「原初的情景」を経験しているとヤノフは言います。そのとき、ありのままの自分では愛される望みはないと認識したのです。

この原初的苦痛に反応して子どもが築いた心理的防衛が、神経症へとつながります。原初療法では、比較的孤立した生活状況に長期間（たいていは数週間）患者を置いて、神経症を取り除きます。そのあいだ、薬物や、緊張をまぎらすための気晴らしは控えるように指示されます。患者は毎日治療者だけと会い、時間制限のない面接を行います。こうした面接の目的は明確で、患者は、自分の両親にたいする深い感情を表現するよう促されます。この感情はすでに火山のように激しく噴き上がっているので、患者は原初の叫び（primal screams）によってそれを表現します。治療のこのもっとも激しい段階を完了すると、おそらくあと六か月ほど続くことになる集団面接に戻ります。ヤノフによれば、原初的苦痛を体験した患者（the post-primal person）はこの時点ですでに、神経症でない「ほんとうの」自分に戻っているはずだと言います。

おそらく二五〇種もの治療が利用されている今日、本書でそれをすべて紹介するのはどう考えても無理なことです。フェミニスト療法、家族療法、セックス療法、根治療法、現実療法、論理情動療法といった各種の治療が、近年急激に生まれました。そしてさらに多くの治療が登場してくるのは間違いありません。それぞれの治療に関するより詳細で包括的な説明については、各種治療法の実践家や支持者たちの著作などを読まれることをお勧めします。

3 心理療法の専門家について

現在米国で活動している心理療法家は次のような構成になっています——臨床ソーシャルワーカー(clinical social worker) が約一〇万人、精神科医 (psychiatrist) が約五万人、臨床心理学者 (clinical psychologist) が約九万人、精神科看護師 (psychiatric nurse) が約二万人、そして認定カウンセラー(licensed counselor) が約一〇万人。

臨床ソーシャルワーカーは、社会福祉系の認可大学院で修士号を取得しています。大学院では、人間の発達と行動、社会福祉事業の運営、ケースワーク、グループワーク、コミュニティ組織といった課程を履修します。社会福祉系の大学院は通常二年で、その間、学生は週に二～三日、「現場」(社会福祉団体) での実地経験を積みます。ソーシャルワーカーは、臨床技術に加え (またはその一部として)、レクリエーション施設や福祉団体などの社会支援システム、組織、団体を利用してクライエントの心理的ニーズを満たすことに精通しています。

精神科医は通常、一般研修を一年間経験したあと、多くは専門医療機関に所属して三年から五年の精神科実習を終えます。精神科医は医師なので、向精神薬投薬の必要性の査定にとくに精通しています。また、医療訓練を経ているため、心身症（感情的ストレスによって引き起こされる身体的疾患）の治療分野の知識はとりわけ豊富です。精神科医の仕事の枠組みをなす医療モデルは、医師免許のない治療者たちからは大いに批判されてきました。しかし、精神科医による専門的な仕事が整然として系統だっているのは、医師たちが受けてきた医療訓練に特有の厳密性のたまものなのです。

臨床心理学者として法的に任命されるには、通常、認可大学院で臨床心理学の博士号を取得する必要があります。この学位を取得するには、ふつう四年以上大学院で履修し、学位論文の執筆も課されます。臨床心理学のプログラムには、心理検査と査定、異常心理学、精神病理学、児童発達、人格発達といった諸分野の課程が含まれるのが通常です。学生は、大学院生活の大半にわたり、週に二〜三日、メンタル・ヘルス・プログラムなどの臨床現場へ実習に出ます。多くの州では、臨床心理学者としての開業資格を得るには、博士課程修了後、精神科施設で二年間にわたってフルタイム経験を積むことが要求されます。心理学者たちが得意とするのは、心理検査と査定、および心理学的研究の計画・実行です。通常、臨床心理学者たちは、系統的かつ緻密な教育的訓練により高度な心理療法技術をもっています。

精神科看護師は、認可大学院の精神医学看護プログラムで修士号を取得しています。この研究課程を修了するには、少なくとも通常二年を要します。精神医学看護プログラムでは、精神医学論、児童および成人の発達、家族とグループの力学といった課程を学びます。精神科看護師が得意とするのは、患者の物理的環境や身体機能がメンタル・ヘルスに及ぼす影響を評価することです。

先に述べたように一〇万人にのぼる認定カウンセラーは、さまざまな専門分野やバックグラウンドをもった個人からなっています。具体的には、カウンセリング、カウンセリング心理学、リハビリテーション・カウンセリング、教育カウンセリング、結婚および家族カウンセリングなどがあり、カウンセラーの大多数は、自分の専門分野の修士号をひとつ以上取得しています。

ここで紹介した心理療法家たち――臨床ソーシャルワーカー、精神科医、臨床心理学者、精神科看護師、カウンセラー――はそれぞれ、心理療法の実施を法的に認める州発行免許の取得のため、スーパービジョンやレビューなどを集中的に受けることになっています。

しかし精神科医の場合、多くの州で付与される免許は、精神科で専門医療のみに従事するというよりも、医療全般を施すための免許です。そこで、精神科分野での医療行為にたいする資格や認可を、国の任意職業団体や委員会などから受けることになります。ただ、こうした資格や認可がなくても精神科医として働くことは可能です。大半の州の心理療法家志望者は、州の免許を得た心理療法家による臨床的スーパービジョンを数年にわたって受けるように要求されます（州の免許を取得したスーパーバイザーは通常、志願者が専攻する領域の専門家ですが、類似する別領域の人材となることもあります。たとえば、ソーシャルワーカーをスーパーバイズするのが心理学者だったり、その逆であったりというケースです）。さらに、心理療法家としての資格取得には通常、筆記および口頭試験など州の求める要件をクリアする必要があります。

いっぽう、心理療法やカウンセリングの専門訓練を受けずに治療者やカウンセラーだと名乗っている無免許の人たちも多く、こうした人たちは、いつ身分保証の提示を要求されるかと怯えているのです。

患者がどの治療者を選ぶか――心理学者か、ソーシャルワーカーか、精神科医か、看護師か、カウンセラーか――は、まったくもって個人の自由です。それぞれの専門領域には、共通する部分がたいへん多いというのが一般的なとらえ方です。投薬治療を受けるのでないかぎり、患者にとっては、心理療法の場で各領域の違いを見分けるのは難しいでしょう。

4 どんなときに心理療法を受けたらよいか

心理療法を受けようと決心するのは、あれこれと考えあぐね、さまざまな不満が重なった末のことではないでしょうか。その不満が社会的な場で頭をもたげることもあるかもしれません。極度の対人的内向性、不安、不器用さ、疑い深さ、過剰な同調性などは、実りある社会関係を形成・維持する能力を蝕み、疎外感や孤独感を深めてしまいます。

自分のふるまいに困惑を感じる人は少なくありません。自滅的な人間関係を繰り返し、みずからの利益に反する言動をし、自分の行動のなりゆきを予想できない人もいます。愛ある関係を築きたいと強く望みながらも、知らず知らずのうちに友人・知人を遠ざけてしまう場合もあります。人間関係を思いどおりにしたいという傲慢な欲求のせいで、対人関係において充実感を得る機会をみずから壊してしまうことさえあるのです。

情緒ストレスや葛藤に起因する身体症状に、慢性的に悩まされる人もいます（ふつう心身症と呼ばれます）。情緒ストレスが原因で現れる身体症状はさまざまで、なかには消耗性の強いものもあり、頭痛、便秘、過食、小食、不眠、過労、潰瘍といった多くの身体的不調が挙げられます。こうした症状の多くまたはすべては生理学的あるいは神経学的要因から起こりうるものですが、実際には、不調に悩む多くの人たちが、医者からはまったく健康だと太鼓判を押されます。精密検査をしても、身体的問題がいっさい見つからないからです。こうした医学的所見が強力に示しているのは、患者の身体症状は、心理的に問題があるという身体からの「宣言」だということです。

合理性やセルフ・コントロールを失うと、欲動や衝動がいきなり爆発することがあります。この爆発が起こると、かんしゃく、妄想、衝動強迫、悪夢、ひいては、暴力行為にまでつながることがあります。

そこまで極端でないにしても、私的な不具合が原因で心理療法を受けようかと考える場合もあります。集中力・目的意識・動機などがあきらかに欠如する、学業不振、抑うつ状態が激しい、または繰り返す、自殺念慮が頻繁に起こる、長期間にわたり就職できない、継続的に就業できない、自尊感情の低さがぬぐえない――こうした状態は懸念して当然です。もちろん、さらに重くて深刻な問題もあります。たとえば、各種の常軌を逸した恐怖症や、薬物濫用、極端な終末観、自分が今にもばらばらに壊れてしまうという考えが頭から離れない、さらに、皆から憎まれ責められているという強い思い込み（ふつうパラノイアと呼ばれます）などに苦しむ人も少なくありません。

そこで、次のような問題提起が避けられません――「ほとんどの人は、こうした心理的懸念のひとつやふたつはある程度抱えている。ということは、だれもが心理療法を受ける必要があるのだろうか」。もちろん、そうではありません。多くの人は、恋愛関係や友情、娯楽やスポーツ、芸術の追求、宗教・社会・政治団体への所属、そして運に恵まれている場合、創造的職業をとおして得られる満足感によって、個人的な葛藤を解決しています。では、満足感をもたらしうるこうした心理的発散手段によって個人的問題を解決できるなら、なぜわざわざ心理療法を受ける必要があるのでしょうか。

それは、人生には、こうした発散手段を利用しても、目の前にある大きな葛藤に充分に取り組んだり解決したりできない、たいへんな時期があるからなのです。たとえば、狡猾でサディスティックな夫をもつ女性が真剣に離婚を考えているとします。一方では、忠誠心、安心感、愛情といった感情、もう一方では、捕らわれ感、怒り、絶望といった感情を抱えた彼女は、こうした矛盾する感情に引き裂かれてしまい、複数の友人に、アドバイスや支援を求めます。友人たちのほとんどは、そんな「ろくでなし」とはいますぐきっぱりと別れるべきだと言います。ところが、ほんの何人かは、もう少し注意深いアプローチをとるよう勧める可能性があります。さらに、ひとりかふたりはこんなふうに言うかもしれないのです——暴力をふるわれるのはあなたにとってどうしようもない運命なのだから、結婚生活のそうした破壊的な性質もいとわずに受け入れるべきよ、と。当然、相矛盾するさまざまな意見を聞いた彼女は混乱します。この友人は私の葛藤に感情的に巻き込まれて、ものの見方や助言まで私の視点に立ってしまったのかしら……と疑っても無理はありません。アドバイスと「早く早く」という促しとが洪水のように押し寄せて大きな不安をもたらし、彼女は身動きできなくなります。無力感に打ちのめされた彼女は、混乱があまりに激しくなるとバリウム（訳注1）を服用するようになります。

この逃避手段は常習化して命取りになるものです。気さくな隣人の提案でジョギングを始めると、運動の効果で体調はよくなりますが、結婚生活についての悩みは続きます。次に彼女はテレビの昼ドラにはまり、バイオリンを習い始めてかなりの腕前になり、トランプ同好会にも参加します。こうした社交的発散手段のおかげで、知的な刺激や社会的接触、多くの慰めや支援を得ますが、結婚生活の問題は相変わらず彼女を苦しめ解決されず、消えることはありません。助けを得られそうなところにはすべてあたったのに無駄だった――こう思い込んだ彼女は絶望し始め、ますます落ち込み、おそらくは自殺を考えるようになるのです。

この架空の、しかしあまりによくあるストーリーは、私たちのもともとの疑問――心理療法を受けるべきかどうか、どんなときに決めるのだろうか――にたいして、ふつう過ぎるほどふつうではありますが、有効な答えを示してくれます。まず第一に、心理的な葛藤、不安、抑うつが、その人が通常耐えられると思う限界を超え、日常生活を送るのに障害を感じたり、送れなくなったりしたときです。第二には、仮想ケースにもあるように、情緒的葛藤を解決するために心理療法以外の治療的手段――社交活動、スポーツ、芸術活動など――を検討し試してみたけれども、不満足な結果に終わったときです。

人が心理療法を受けたいと感じる理由はほかにもあります。たとえば、未解決の心理的葛藤が恐ろ

（訳注1） Valium（ベイリウム）。精神安定剤ジアゼパムの商品名。

しいほど破壊的な性質をもつようになったときです。重大な情緒的葛藤が解決されないままだと、人はひどい苦痛に苛まれ、この情緒的苦痛のせいで、自分は追い払うことのできない「邪悪さ」や有害性を抱えていると感じるようになります。なぜこんなにみじめに感じるのかという真相に迫れないため、苦しみの原因を、邪悪で嫌悪すべき想像上の自分のせいだと根拠もなく考えるのです。その当然のなりゆきとして、ますます自意識が蝕まれていきます。

オズの魔法使いの正体を知ったドロシーは、もう彼を畏れることもなくなりました。(訳注2) それと同じく、自分の内側にある葛藤を恐れる人間は、自分のなかでうごめいている無意識の力を知ることによって、恐れるべきものなど現実にはほとんどないことに気づくでしょう。心理療法では、そうした発見が可能なのです。

(訳注2) ドロシーは、ボーム(Frank Baum, 1856-1919)作『オズの魔法使い』の主人公の少女。作品の終盤、どんな望みもかなえる力をもつはずの正体不明の大魔法使い「オズ大王」は、ただの人間だったとわかる。

5 すぐれた心理療法家に出会うには

注意すべき点から話を始めましょう。心理療法家のなかには、あなたに心理療法を行う資格のない人たちが存在します。第一に、治療者が、患者となるあなたの友人・知人である場合です。どんなに優秀でも、治療者として選んではいけません。

クライエントにとって、心理療法が有効かつ有益となるためには、治療を介する人間関係が、安全で護られていて、秘密が厳守されると実感できなければいけません。心理療法に関するどんな情報も、心理療法家に会っているという事実そのものさえも、自分から進んで知らせる場合を除けば、友人や親類、同僚などに知られることはないと保証される必要があります。わざとでも、あるいは「ついうっかり」でも、情報流出はいっさいあってはなりません。(この基本条件は、裁判所の紹介によるケースや、クライエントが子どもの場合には適用されません。通常どちらの場合も、保護観察官や両親、教師など、クライエントにとって重要な他者との相談が必要です)。さらにクライエントは、治療者が有能であり、クライエントの問題がいつどのように解決されるかにはなんの利害関係もない、客観的立場にいるプロフェッショナルであると保証されるべきなのです。

友人や親類が治療者を「兼任」すると、治療における関係性はどうしても侵されてしまいます。なぜなら、友人兼患者である人物の匿名性や秘密性が確保されないのは明白だからです。また、治療者のプライバシーに関する基本協定が存在するため、社会的な出会いの場ではつねに、友人兼患者と友人兼治療者とのあいだにかなりの不快感や緊張が生まれるでしょう。両者どちらも、無意識に動機づけられて「うっかり」した言動をしたり、意外な新事実を暴露してしまう可能性もあります。そうなれば、この関係の機密的な性質は侵害され、愉快なはずの社交的集まりが、目も当てられない修羅場へと姿を変えてしまいます。そして、将来の治療的進展のいっさいの可能性が奪われてしまうという哀れむべき結果となるのです。

友人や親類がたまたま治療者として有能な人物である場合、自分の抱えている問題のために、個人的に多くを投げ出して助けてくれるだろうと期待するのも現実的ではありません。この友人（または親類）は当然、患者の問題やその解決は**個人的に**自分に影響を及ぼすと考えるでしょう。なぜなら、ふたりの関係は本来、個人的なものであり、自分が職業的になにを試みようともその事実は変わらないからです。たとえば、友人兼治療者が、友人兼患者の問題解決が逆に自分に影響するかどうかを知りたいと考えても、不思議ではありません。五年間のシンガポール勤務というあらたな仕事の誘いを受けた友人兼患者が、自分の現在の苦境を克服するには理想的な機会だからと、承諾する決心をしたとしましょう。友人兼治療者は、五年間友人を失うことになるという個人的な無念さを乗り越えて、友人の決意に心から応援のことばをかけ、賛成できるでしょうか。ちなみに、患者とはなんら「個人的な」つながりをもたない心理療法家でも、多くの理由から、患者が計画するシンガポール滞在にたいして似たような思いを抱く可能性があります。しかし、これまでの訓練のおかげで、その無念さに治療態度が影響・支配される可能性は少ないでしょう。すばらしい友情は大切に守るべきです。ところが、もし友人を治療者にしてしまえば、相手はあなたにとって友人以下の存在となり、同時に、充分な治療者にもなれないでしょう。

二番目に避けるべき種類の「治療者」は、心理療法家を名乗りながら、実は適切な訓練を受けておらず、メンタル・ヘルスや心理療法の分野において認可も免許もいっさい受けていない人物です。すぐれた心理療法訓練を受け、公的に認められた証明書をもっている場合でさえ、その治療者が技術と有能さを示すと保証されるわけではいっさいありません。いっぽう「心理療法」の専門家として必須の訓練を受けていない場合、クライエントはほぼ確実に、無能かつきわめて未熟な扱いを受けると**保証**されます。専門家としての訓練も認可も受けていないのに心理療法家を装っている人間は、その本質的な訓練欠如のために、クライエントとの関わり方や同一視が過剰になる可能性が非常に高いと言えます。結果として、クライエントの問題をつねに客観的に見ることが著しく難しくなるのです。

「要注意！」印《じるし》の治療者の三番目のタイプは、クライエントにたいして、「あっという間に治る」とか、「無限の幸せが手に入る」など、救世主が囁くような耳に心地よいことばを安易に言う人物です。めくるめく週末のうちになにもかもが解決するようなことさえ口にします。人間性というのはきわめて複雑ですから、人間の葛藤や問題もまた、非常に複雑なものです。さまざまな衝動、夢、身体的不快感といった精神的ストレスへの対処は、ふつうそれ自体がひどく骨の折れる仕事です。この仕事に加えて、家族、恋愛、仕事、学校、お金のやりくりといった日常の重圧もあるのですから、葛藤とはわれわれの日々の生活に内在する一部分であり、完全に消え去ることなどないのです。実際、深刻な情緒的葛藤の大半は、自尊感情や気づきを増すことでかなり解消できます。しかし、人間のあらゆる悩みや苦悶に事実上の終わりがくるなどとほのめかしたり約束したりする治療者は、おそらく、似非《えせ》治療者か、厚かましい変わり者かのどちらかでしょう。

さて、ではさらに前進して、資格のある有能な治療者を探してみることにしましょう。あなたならなにから始めるでしょうか。

多くの人は、事前の検討や質問などほとんどしないまま治療者を探そうとします。車を買うときには、何週間、場合によっては何か月も悩み、思い巡らすというのに！　二〇種もの車に試乗し、『コンシューマー・レポート（*Consumer Report*）』（訳注1）を読みあさり、耳を傾けてくれる人ならだれとでも議論し、そしてようやく、賢い選択（であってほしい選択）に到達します。ところが、心理的危機を経験すると、考えもなく電話帳をめくって治療者の名前が並んでいるページを探し、昔大好きだった保育園の先生と似た名前だからといった理由で、治療者を選んでしまったりするのです。専門的な背景や訓練、資格についてなにひとつ質問もせず、すぐに予約をとり、「うまくいきますように」と運を天に任せることになるでしょう。

よい車を手に入れるのも人生を左右する一大事かもしれませんが、治療者――心の真ん中を占めている非常に個人的な心配事について、あなたを助けてくれる専門家――を選ぶのに、手探り状態で「ど・れ・に・し・よ・う・か・な」と電話帳をパラパラめくるようなやり方でいいのでしょうか。初めての治療者を選ぶにあたり、少なくとも新しい車を選ぶのと同程度にはきちんと選びたいと思うなら、ある程度綿密に、厳しい選択眼を発揮できるよう、みずから努力しなければなりません。

ではどうすれば、きちんと、うまく治療者を選ぶことができるでしょうか。治療者の選択にあたってはいくつかの有効な方法がありますが、そのどれも、間違いようもないほど簡単なわけではありません(その落とし穴についてはすぐに説明します)。多くの公共図書館や病院などの施設図書館には、免許のある、認可を受けた心理療法家(心理学者、ソーシャルワーカー、結婚および家族カウンセラー、看護師、精神科医)のリストが載った登録簿があります。こうした登録簿を見れば、将来診てもらうことになる治療者がどんな専門的訓練を受け、資格をもっているのかについて、いくらか手がかりが得られるかもしれません。治療者がかつて通った、あるいは現在提携している教育機関、執筆記事や著作、前職や功績などもおそらく掲載されているでしょう。この程度の調査ではあまりよくわからず混乱を招くだけであれば、地域の精神衛生局や、心理療法家の職業組合に電話して、紹介を頼んでみましょう。また、だいたいどこの地域にもメンタル・ヘルス関連専門家の非公式なネットワー

(訳注1) 米国の非営利組織 Consumers Union が発行する月刊誌。あらゆる製品やサービスの比較検討調査結果をレポートする。

クがあるものですから、信用のおけるメンタル・ヘルス専門家をだれか知っているなら、その人に紹介してもらうのがもっとも確実でしょう。それができない場合は、かかりつけの医師に紹介してもらうのが安心です。

民間の場合、治療の最低料金は通常三〇～三五ドルのあいだで、上限金額はないようです。治療者も、重要な商品を提供する者の例に漏れず、現状が許す最高額を請求する傾向があるので、富裕層にたいしては一時間一〇〇ドルかそれ以上の額を請求します。私の知る民間の治療者の大半は、一時間あたり五〇～九〇ドルをとっています。治療に払う金額と受ける治療の質とのあいだに、必然的な関連性はありません。

民間の料金には手が出ないなら、公的機関の心理サービスを受けることができるでしょう。通常は、スライド料金式の妥当な値段設定となっています。公的機関を利用する短所として考えられるのは、待ち時間が長いこと、治療者や治療期間を選ぶ余地があまりないこと、そして、公的クリニックは、すぐに交代してしまうような比較的経験の浅い治療者を配属する傾向があることです。それでも、公的機関のなかには、収支のやりくりという従来からの問題を抱えながら、すばらしい治療サービスを提供しているところがあります。

何人か心理療法家を推薦してもらったとしましょう。クライエント候補は、端から次々と電話をかけていくか、あるいは、まずだれかひとりを選んで電話するかを選ぶことになります。電話では、心理療法を探している理由を簡単に（これまでのことを細かく言いすぎないように）説明したほうがいいでしょう。また、治療者から、次のような基本情報を聞き出しましょう。（a）その治療者が提供する臨床サービスの具体的内容（たとえば、催眠療法、個人治療、集団療法、カップル・カウンセリング、など）。（b）その治療者がどのような理論を基盤にしているか（たとえば、精神分析、ゲシュタルト、行動心理学、ユング心理学、など）。（c）その治療者の最近の空き状況。（d）料金と、保険適用や政府の補助プログラム適用の有無。電話での印象に満足がいけば、初回評価面接の予約を入れる気になるかもしれません。

心理療法を受けた経験のある友人や親類から有能な心理療法家を直接教えてもらうほうが、いま挙げたような煩雑で面倒な手続きを省けていいと考えるクライエント候補もいるでしょう。しかし、仲のよい友人同士が同一の心理療法家の治療を受けることには、いくつかの禁忌があります（自分こそが治療者のお気に入りになろうと、友人同士が不必要にしのぎを削ることがあるのです）。優秀な心理療法家ならばこうした禁忌に気づき、まずその点について患者と話し合おうとするでしょう。友人と同じ治療者に診てもらうのはやめたほうがいいとその治療者本人からアドバイスされても、たいして驚くことではないのです。

すでに述べたように、資格を有するすぐれた治療者を探すのに、友人などから紹介してもらう方法は簡単ではなく、固有の短所もあります。たとえば、すばらしい推薦があり、専門家としての名声も申し分ない心理療法家でも、人間性の面で、あるいは人種的・地理的・経済的、その他の理由で、ある人間にとっては最適の治療者ではないかもしれないのです。また、たとえ親友でも、どんな人間を信頼し役立つと考えるかについては大きく見方が異なる可能性も考慮しなければなりません。ジルにとって「文句なくすばらしい」治療者も、ジルの親友ジャンにとっては、思いもよらない天敵となる場合があるのです。

治療者とクライエントのあいだに深刻なミスマッチが起こる可能性を取り除くには、次のような行動をとるのがいいでしょう。治療者との最初の評価面接では、治療者の受けた専門訓練や取得資格に関して適切な情報を要求しましょう。それから、あなたの抱えている個人的な不安について、できるかぎり詳細かつ全体的に話し合いましょう。面談を終える前には、身構えず、次のように要求しましょう。（a）少なくとも予備的なかたちで、あなたの抱えている困難にたいしての説明と印象を聞かせてもらい、（b）あなたとどう治療を進めていくつもりかを簡単に説明してもらうのです。

非の打ちどころのない、完璧な声明を求めさえしなければ、患者候補はこの方法で治療者を賢く評価し、最少のリスクで最終決定にたどり着くことができます。もちろんこの決定は、大半の個人的決定と同じく、取り消し不能ではないことを心に留めておくべきです。

6 個人心理療法か集団心理療法か

本書の大部分は、基本的に一対一の個人心理療法について書いているので、ここでは、集団心理療法のもつ特徴と可能性について説明しようと思います。おそらく、この章を最後まで読んでいただければ、自分のニーズにはどちらの治療が適しているか、読者の皆さんみずから決定できるでしょう。

自分の抱えている心理的困難の性質により、一対一の心理療法を選ぶか、それとも集団療法を選ぶかが、重大な検討事項となる場合があるでしょう。たとえば、深刻な飲酒問題に悩んでいるなら、アルコホーリクス・アノニマス（AA：Alcoholics Anonymous）という集団治療サービスを利用するのが適切かもしれません。また、過食や肥満に悩んでいるなら、ウェート・ウォッチャーズ（Weight Watchers）の集団治療が有益かもしれません。つまり、治療グループには、同じようなタイプの問題行動に悩む人たちを集めて力づけるという性質があるのです。

自分と同じ試練を経験している他者と、結束力のある親密なグループに参加することには、次に紹介するような、多くの明確なメリットがあります。

第一に、情緒的葛藤に絶え間なく苦しんでいる多くの人々は、自分の問題は完全に特殊で（つまり奇病で）、この世界には、自分ほど深く激しいみじめさを味わっている人はいない……と感じています。その結果、仲のよい友達に囲まれているときでさえ、自分の人生は悲惨で空虚だと感じるのです。心理療法グループは、ひとりぼっちで孤独感に苛まれている人が、「こんな思いをしているのは自分だけ」という厄介な思い込みを克服するのには格好の場だと考えられます。グループのメンバーは互いのことを知るにつれ、自分たちの情緒的試練の大半は特別でなく、むしろよくあることだと認識し始めます。どんなに不幸に感じても、たいして変わらない思いを抱いている他者が存在するとわかるようになるのです。集団治療に参加すると、お互いを観察しよく知ることにより、最初に思っていたほど自分は孤独でもなければ「変人」でもないとわかるようになるものです。

通常、人は他者を個人的に支えることにより、自分自身をもっと大事にできるようになり気分も向上すると言われます。そのいっぽう、大半の人は成長するにつれ、自分の情緒的エネルギーを他者の幸福のために使おうという動機や刺激を十分に与えられなくなることもよく知られています。他者に奉仕することのあまりの厄介さと難しさを知り、「愛他主義」という名の、自尊感情を生むには不可欠の源泉を奪われてしまうのです。

心理療法グループのメンバーは必ず、お互いにとってきわめて重要な存在となっていき、互いの価値を認め、グループへの参加をとおして自分の重要な部分を差し出すようになります。自分は他者に分け与える価値あるものをもっている、それゆえ、自分自身に価値があるのは自明のことだ――という感覚が自然に生まれるようなやり方で互いに助言を与え、勇気づけ、支えあう方法を発見するのです。みずからを捧げて献身的に尽くすという機会は集団治療に特徴的で、間違いなく、こうした形態の治療から得られるきわめて大きな利点です。

私たちの社会では大多数の人間が家族のなかで育つので、私たちの情緒的成長や情緒的葛藤が生まれ育つのも、やはり家族のなかです。集団治療は、そうした原家族（the primary family）の卓越したモデル／縮図として機能します。多くの場合、グループ・メンバーは、兄弟姉妹のような性質の相互関係を強力に形成します。そのためひとつの心理療法グループのなかで、かつて原家族で経験したようなライバル心や、狭量さ、誤解、争い、慈しみ、協力といった感情が生まれ育つのです。同時に、治療者は一部のグループ・メンバーと同じく、親または権威的な人物を代表する人間とみなされ、そのように応対されるでしょう。

集団治療のプロセスにより、患者は幼いころの家族経験を呼び起こされます。そのため、心理的に過去に引き戻され、それを再演したり再構築したりします。要するに、もともと両親や兄弟姉妹とのあいだに生まれた情緒的葛藤が、治療グループにおいて繰り返されるのです。集団治療経験をとおして昔の記憶や感情を再現させることにより、メンバーは、長いあいだ対人関係を妨害してきた誤認や誤解と折り合いをつけ、矯正する機会を得るのです。

要点が理解しやすいように、架空の例を挙げましょう。ある集団治療患者は、ほかのふたりの患者が争いを始めるたびに強い不安に襲われ、争っているふたりのあいだに無理矢理入り込んで仲裁者としてふるまいます。こうして彼女は一時的に安心しますが、利用された気分になるのを避けられません。というのは、自分の出しゃばりや妨害にたいして、ほんとうはだれも感謝などしていないとわかっているからです。この、人を苛立たせる傾向についてとうとう彼女は質問され、実生活でもこういう失態をやらかしてしまうこと、争いを嫌う傾向をコントロールするのに、もっとよい方法がないかと長いこと探しているけれども、不毛に終わっていることを認めます。

彼女は、機転の利くほかの患者から、こう質問されます。「子どものときも、そんなふうに人のあいだに入って仲裁役をしていたの？」よくよく考えてみると、彼女が幼いころ、両親はいつも言い争っていました。けんかの最中、両親はよく「もう離婚だ」と言い合い、そうした恐ろしいことばを聞くたびにパニックに襲われた彼女は、あいだに入ってふたりをなだめようとしたのでした。両親のせいで自分がおかれた無力で屈辱的な立場に深い怒りを感じながらも、自分が何度もとりなさなければ、家庭は壊れてしまうと思っていたのです。

結果的に、両親は離婚してしまいました。彼女はなにもかも奪われたように感じ、自分のせいで両親は別れたのだと根拠もなく自分を責めました。もっと努力さえすれば、**正しい**ときに**正しい**ことを言いさえすれば、両親は争いを収めることができただろうに……と思い込んだのです。それ以来、自分の好きな人たちのあいだで揉め事が起きるといつも恐れを感じ、その結果、渦中に飛び込まないではいられなかったのです。

ここまで聞いたグループ・メンバーのひとりは、やさしく尋ねました。「だから、ここで諍いが起きたときも、自分がなんとかしなければ収まらないと思ったの?」

患者は、少しおどおどしながらも、「そうなんです」と認めます。するとそのメンバーは、もう一度その争いを再開させてみたらどうか……ただし今度は口出ししないこと、と提案し、患者は気が進まないながらもそれに同意します。すぐその場でふたりのメンバーは言い争いを始め、やがて建設的に仲直りし、その様子を彼女は観察します。自制できたことに驚くと同時に非常に喜んだ患者は、現状を打破したことでほかのメンバーからも称賛されます。子どものころから頑固に続いていた不愉快な性格的特徴を克服するための、重要な第一歩を踏み出せたのです。

社会性がひどく欠如しているために、周囲の人間との接触や発散の機会のない家庭で子どもが成長するケースはよくあります。そうした子どもは、対人関係を発展させるときに見習うべき前向きなモデルをもてないことが多く、その結果、他者との関係に信頼をよせかたちづくることが非常に困難だと感じてしまう場合があるのです。社会的なつながりを築こうとしても、どうやって世間話をするのか、どうやって感情に訴える質問をするのか、率直に反応するにはどうするのか、といった社会的スキルの基本を欠いていることが珍しくありません。

心理療法グループは、そうしたスキルが不十分な人にとって、非常に効果的な案内役となります。グループ・メンバーのひとりひとりは、自分が他者に与える影響について、グループから単刀直入なフィードバックを繰り返し受け取ります。ときには少々つらいこともありますが、自分のどんな点が他者を喜ばせ、どんな点が他者を不快にするのか、自分のどんなやり方や特徴が「効果的」で、なにがそうでもないか、そして、人が他者と親密な関係を築こうとするときに、「コミュニケーション」という使い古されたことばがほんとうに意味するものはなにかを学びます。こうした点で、治療グループは、対人関係における能力と融通性を教えてくれる頼れる教師なのです。

集団心理療法のもつ潜在的な利点は、もちろんいま述べたものがすべてではありませんが、個人心理療法と集団心理療法のどちらを受けるべきかで悩んでいる読者の方に、比較と選択のための基本を提供できていればと思います。結局のところ、個別治療とグループ治療のどちらにするかを決断する際には、自分独自の道のりを見出す必要があります。個別治療で「お試し」をして自己理解の適切な基礎を固めてからグループ治療を選ぶ人もいますし、その反対もありで、先にグループ治療に参加してから一連の個別治療を受ける方法もあります。また、グループと個別の両方の治療を並行して受けて、非常にうまくいく人もいます。ふたつの治療は、同一の治療者によって行われる場合もあれば、別々の治療者による場合もあります。グループよりも個別のほうが得るものが多い人もいますし、その反対もあります。グループと個別、どちらにしても、治療から患者がどれだけ利益を得られるかは、治療者の専門家としての能力とノウハウに大きく左右されるのは間違いありません。

7 心理療法はほんとうに効果があるのか

もちろん、心理療法がつねに成功するわけではありません。患者と治療者の組み合わせがどう見てもミスマッチであれば、治療は膠着状態に陥るでしょう。あるいは、よくあることですが、すでに受けているものとは別の種類の治療に、患者がより高い受容力を示す場合もあります。たとえば、いま自分が受けている洞察志向的精神分析治療はあまりに遅々としていて苦痛なので、代わりに、行動修正的アプローチで問題に対処してみたいと患者が決意するようなケースです。

教育、政治、医学といった人類の数々の努力がそうであるように、心理療法もまた、完璧にうまくいくことはめったにありませんが、だからといって、失敗する確率は反対派が主張するほど高くもありません。ときおり、精神病患者による殺人や自殺のニュースが扇情的な新聞記事で紹介され、心理療法になんらかの問題があったせいでわけのわからぬ破壊的行為を犯すにいたったかのような印象を根深く残しますが、それが正しい見解なのか、定かではありません。ものごとをまったく別の角度から見れば、ご近所のジョーンズ夫人が、心理療法から得た数々の恩恵によって抑うつを克服したとか、自分自身を好きになれたとか、職場で昇進したとかいう実話のほうが、よほどニュースにする価値があるというものです。今日、推計四千万人のアメリカ人がなんらかの心理療法を受けているという実情のもと、大衆がけっして耳にしないジョーンズ夫人の物語が無数に存在するのです。心理療法について大衆がメディアから情報を受け取る際、心理的な治療の有効性についての意見は、あきらかに真実の姿を歪めていることは否めません。

心理療法の功罪について研究し書物を著した専門家は数多くいます。その一部は間違いなく、治療の価値と恩恵にたいして深刻な疑問を投げかけました。もっとも影響力があり頻繁に引用されるのは、H・J・アイゼンク（H. J. Eysenck, 1916–97）という研究者で、彼は、心理療法を受けた英国の患者八千人を調査して入手したデータから、「神経症患者の回復については、フロイト派であれなんであれ、心理療法に効果があると示すことはできない」と結論づけました。アイゼンクの研究には多くの欠点があります。たとえば、彼が調査した集団はランダムに選択したものではなく、比較対象が可能なほど同レベルの「病気」でもありませんでした。しかし、こうした曖昧な理由にもかかわらず、アイゼンクによるこの詳細にわたる研究は、治療反対派のあいだで大きな支持を受けたのです。

そのいっぽうで、心理的ストレスを扱うにあたって、心理療法は実に効果的だという主張を支持する、信頼のおける研究結果も多く存在します。たとえば、W・フォレット（W. Follette）とN・カミングス（N. Cummings）はカリフォルニアのカイザー・パーマネンテ（訳注1）の前払い式ヘルスプランに関する一九六七年の研究で、心理療法を受けた患者は、受けない患者に比べ、医療サービスを過剰に利用する傾向が低いことを発見しました。心理療法を受けた患者が、受けていない人と比べて身体的症状や不満を示すことが少ないという事実は、少なくともこの例では、心理療法が情緒的困難をもった人の助けになる効果があることを示しています。

もちろん、心理学文献には毎年、心理療法患者の治療成功例を報じる数多くの記事や書籍が登場します。こうした文献の多くはたいへん読みやすく、一般にも簡単に手に入ります。また、多くは『サイコロジー・トゥデイ（*Psychology Today*）』(訳注2) のような信頼できる雑誌でも広く紹介され一般的になっています。

心理療法が成功しているかどうかを判断するのに、経済的考察が面白い役割を果たすことがあります。私たちが商品やサービスを購入する際はたいてい、それが冷蔵庫でも、工務店に頼む新しいドアでも、そうしたアイテムにどれほどのコストがかかるか具体的に考えます。また、購入した仕事や商品の質をはかる具体的な判断基準をもっています。もし大工さんに頼んだばかりのドアが蝶番から外れてしまったり、冷蔵庫が一週間で壊れたりすれば、「払った金額分の価値を得られなかった」と即座にかつ正しく判断することになります。

心理療法という体験に、経済原理を持ち込むにはどうしたらいいでしょうか。たとえば、ある女性が心理療法に週三〇ドル使う場合、この継続的な出費を捻出するためになにをあきらめなければなら

(訳注1) 米国最大の保険維持機構（HMO）。一九四五年設立。
(訳注2) 一九六七年創刊の、米国の一般向け心理学専門月刊誌。

ないでしょうか。それが、たまに行く外食ディナーだったり、休暇旅行だったりするなら、彼女は、そうした心理的に有益な喜びと、心理療法から得るものとを天秤にかける必要があります。さあ、彼女はどうすればいいでしょう。自尊感情が高まること、より深い洞察が得られること、自信が強まること、対人関係が改善すること……といった治療がもたらす報酬は、自分にとってどれほどの金銭的価値があると評価するでしょうか。

こうした選択がもたらす葛藤は実に侮りがたく、ときには、治療をあきらめるという結論にいたることもあります。しかし多くの人にとって、治療に要する金銭的犠牲がどんなに大きくても、心理療法から得られる人格的向上は値段のつけられないものです。自負心、自信、洞察、自尊感情などにはかたちがありません。値段をつけることも、そういった人間としての資質を数量化することも不可能なので、心理療法を受けることで得た成功のレベルを正確にはかることはたいへん難しいのです。ですから、「いまの私の進歩は『ほんとうに』治療のおかげなんだろうか、お金をかける意味があるのだろうか」と自問する必要があるのです。

心理療法がほんとうに成功しているのかどうかの判断を非常に難しくするもうひとつの要素が、「成功」ということばの曖昧さです。心理療法の効果は多次元的です。つまり、一度に改善されるのが一面だけではないということです。たとえば、もし治療の結果、以前より自信をもてるようになっても、その自信のおかげで他者にたいして威張り散らすようになるとしたら、その治療を成功とみなすことができるでしょうか。

ひどい抑うつ状態のために治療を受け始めたある図書館司書の女性は、非常に几帳面かつ効率的に仕事をする人で、上司たちからとても高く評価されていました。数か月の治療を経てその女性の抑うつは軽くなりましたが、彼女の仕事ぶりは少々注意力を欠くようになり、手際も悪くなりました。全体としては気分が軽くなり快活になりましたが、上司たちは、「彼女は治療のせいで悪化した。仕事ぶりがひどく悪くなった」と考えました。**上司たちの目から見れば**、(自分たちが受けるように勧めた)治療は失敗でした。いっぽう、**彼女にとって**、治療は文句なしの大成功でした。さて、ほんとうはどちらなのでしょうか。

心理療法は、多くの人にとって測り知れない価値のあるものです。信じられないとお思いなら、実際に心理療法を受けたことのある知り合いの話を聞いてみるといいでしょう。初めて知ることも多いでしょうし、心理療法がもたらす利点について、直接的で非常に信頼できる情報を得られるでしょう。

8 心理療法を受けると本来の自分らしさを失うのでは

心理療法を受けようかと検討している人たちの多くに非常に共通しているのが、「心理療法によって自分らしさや独創性、独立心が奪われるのではないか」という考えです。つまり、自分がロボットになってしまうのではないかという懸念です。長期間にわたって心理療法を受けることでそうした有害な結果がもたらされる可能性を、考えもなしに締め出してしまうべきではありません。しかし、自分の個性や人格的まとまりが心理療法のせいで失われてしまうという恐怖は、たいていはひどく誇張された、根拠のないものです。

心理療法家に自分の個性を手渡してしまうことを恐れる多くの人々が、いっぽうではきわめて自発的に、むしろ強い意志をもって、みずからの独立性やアイデンティティを無数の不健全な行為へと投げ出してしまう事実は、興味深く皮肉でもあります。たとえば、過度の依存を恐れるばかりに必死で心理療法家を避けた挙句、あっけなく新興宗教に入信し、完全に名もない歯車になってしまう人もいます。あるいは、自分の悩みについて治療者と話すよりも、強迫性収集癖や過食に陥ることで、依存の懸念に打ち勝とうとする人もいるかもしれません。もしくは、気軽に何度でも、同僚にアドバイスや理解を求める人もいるでしょうが、おそらく同僚のほうは、必要な助けを提供できません。同僚や知人と話しても実を結ばないことに落胆すると、今度は向精神薬を常用するようになるでしょう（それもまた依存なのです）。

つまり、「自分の個性を心理療法家に手渡すなんて！」と激しいアレルギー反応を示す人たちの多くは、みずからのアイデンティティ感覚を、薬物やカリスマ的組織、満足をもたらすことのない人間関係のなかに埋没させる名人なのです。

では、治療によって自分の個性が奪われるかもという、そこまで圧倒的な懸念はどうして存在するのでしょうか。私たちの社会では、きわめて幼いときから「自分の足で立つ」「自分の力でやりとげる」といった使い古されたことばで、「尊重すべき」大事なことを折に触れて教え込まれます。「他者からの本質的な手助けなどなくても、真に成熟し、生き抜いていける」という幻想のなかには、大いなるプライドが見えます。「頑健な個人主義（rugged individualism）」こそが人間の性格や魂にとって本質的によいものだとみずからも幼いころに叩き込まれた親たちにより、人間関係に依存することへの侮蔑は人生の早いうちに教え込まれ、ありとあらゆる方法で強化されるのです。反対に、依存――とりわけ、親や（心理療法家など）親《おや》的な人物への依存――は、巨大でいわれなく恐ろしい怪物へと姿を変えますが、それも当然と言えます。

自負心や独立精神に富むことは、人間の情緒的幸福にとって欠かせないものです。しかし、多くの人が気に病みがちな「他者への依存」に極度に怯えると、恐怖へと駆り立てる偽りの「独立」へと追いやられ、ひいては孤独やみじめな不幸にいたるものだと私たちは知る必要があります。

本来の質問に戻りましょう――「心理療法を受けると、自分らしさがなくなってしまうのでしょうか」。ほとんどの場合はその逆です。心理療法がある程度の期間順調に進むと、たいていの人は、自己認識、創造性、自発性、決断力、情緒的自律性を増す兆候を見せます。つまり、真の自己統制と独立という、紛れもない証明が現れるのです。さらに、これから心理療法を受けようとする人が、「治療者から受けることになる心理的影響を規制するのは自分自身である」と認識することは有益です。ほとんどの人は、深く染み付いた態度に加え、強力でしかも融通のきく心理的防衛機制を十分に備えているので、外部からの大きな影響にさらされても、自分の全体性や個性を維持することができます。そのため、たとえみずから「そうしたい」という強い衝動を感じるときでさえ、患者が自分の個性を心理療法家に手渡してしまう可能性は非常に低いのです。

心理療法が順調に進んでいると、ほんとうの意味での心理的独立性は、ダメになるどころか大きくふくらんでいくものです。なぜなら、治療の第一目的は自己啓発力の強化であり、多くの人が信じ込まされているように、治療者の望みや期待に同調させることではないからです。人間の抱える問題にたいして治療者がもつ特別な洞察と理解に、クライエントがきわめて強く依存することもあるのは確かですが、一般には、治療の場で展開される独特の説明や心躍る発見により、クライエントは自己認識と自信を強める結果にいたるのです。よりよい自己理解のために治療者が発揮するスキルや知識に、ごく限定された意味で依存するにつれ、患者はみずから進んで、自分の生活における各種の不健全な依存を捨て去るのです。これは、思うほど逆説的なことではありません。

ちなみに、クライエントと治療者の関係に、不健全な依存がはなはだしく忍び入るときには、治療者は、まれとは言えないこの展開を感知して率直に話を切り出すべきです。こうした治療的支援によって有害な流れは変わり、正しい方向へと修正されるでしょう。反対に、治療者がそうした本質的なことがらをつねに見逃してしまうようなら、治療の全体的価値と有用性を見直す必要があるかもしれません。

9 心理療法家には悩みがないのか

多くの治療者がメンタル・ヘルス分野に入ったきっかけは、自分の抱えている問題を解決するためというのはほんとうでしょうか。だとしたら、そんな人たちが、苦しんでいる人を助けられるのでしょうか。

たしかに、心理療法家もれっきとしたひとりの人間として、自身の生活の情緒的ストレスや葛藤に対処しなければなりません。当然のことながら、心理療法家になろうとする理由のひとつは、自分をよりよく理解することであり、また、自分のパーソナリティにまつわる懸念を解消することでもあります。たとえば、精神科医の自殺率が一般に比べて高いことはよく知られています。さらに、一般に経験豊富な治療者は、臨床治療者には深刻な性格的欠陥を抱えている者が多くいることを認めています（もちろん自分は含まれていません）。幸い比較的少ない数とはいえ、精神異常者やソシオパス（社会病質者）が、この米国のあちこちでメンタル・ヘルス・サービスを提供しているというのも、震え上がるような事実です。このため、精神科にかかっている患者（たいていは若く美しい女性）が治療者から性的に誘惑されたという異常で悲劇的な話が、ときおり新聞記事になっているのも説明がつきます。

質問に戻りましょう。ぞっとしない話ですが、もし治療者も、ふつうの人と同じように自分の情緒的問題と闘っているというのが真実だとすれば、いったいどうやって他者を助けられるのでしょうか。まずなにより肝心なのは、心理的な問題をいっさい抱えていない人間など存在しないと認識することです。この、存在自体が疑わしい非凡さの所有をめぐって私たちがあれこれ検討を重ねているのが心理療法家であれ、ノーベル賞受賞者であれ、問題と縁のない人間など、作り話のなかの人物か、死人です。ですから、ある心理療法家が情緒的問題を抱えているか否かに関して悩む必要はありません。だれであっても、心理的な懸念があるのは間違いないからです。そこで重要なのは次の二点となります。（a）心理療法家のもつ情緒的問題があまりに深刻すぎて、他者を理解したり助けたりする能力が妨害されていないだろうか。（b）心理療法家は自身の情緒的葛藤を理解し統合することができているだろうか。そして、情緒的な葛藤を抱えている他者にたいして、共感をもち敏感になることで、みずからの経験を治療的に利用できているだろうか。

米国のいたるところにあるメンタル・ヘルスの訓練施設や認可機関は、この問題にさまざまな方法で対処すべく努力しています。多くの訓練施設や臨床系大学院課程では、学生たちに、広範囲かつ集中的な個人心理療法を受けるよう求めています。また、一般にそうした施設や認可機関では、新米治療者が卒業資格や州の免許資格を取得するにあたり、何時間にもわたる臨床的スーパービジョンを受けることを必須としています。さらに、大半のメンタル・ヘルス機関は、臨床訓練生の提供するサービスの質を評価するための継続的な施策や手続きを設定しています。つまり、多くの法的・制度的・行政的なセーフガードにより、未熟だったり、情緒的問題があったり、有害だったりする人物をメンタル・ヘルス業界から排除することで人々を護っているのです。しかし、こうしたセーフガードにはときに抜け穴があったり、コミュニティによっては存在しなかったりするので、留意が必要です。結果として、法的な資格をもった「プロフェッショナルの心理療法家」として働く素人や偽《にせ》医者が存在することも認識しておかなければなりません。

心理療法家の情緒的問題の現れ方には、いくとおりかあります。治療者の心理的問題が深刻だと、患者を情緒的に傷つけ疎外する可能性もあります。その場合、おそらく治療の質が如実に低下するので、結果的にメンタル・ヘルスを扱う職業から追われることになるでしょう。当然ながら、自分たちのコミュニティで仕事をする治療者の相対的評価について、患者、治療者とも、あれこれ議論するため、たいていこのプロセスは加速されます。もし治療者の仕事ぶりが目を覆うありさまで、以前の患者や今後の患者候補のあいだに悪い評判が広まれば、第一の紹介元、つまりかつての患者や同僚を失うことになるでしょう。このように、社会的・職業的な風評がなによりもよいセーフガードとなりえます。治療者が紹介元を失うことは、治療ができなくなることへと確実につながるからです。

治療者の抱える情緒的問題は、特定のタイプの患者と出会ったときに、理不尽で苛立たしい困難を引き起こすこともあります。いかに優秀で経験豊富、有能で親切な治療者も例外なく、特定のタイプの患者にたいしては、特別まごついたり、身動きできなくなったりするようです。たとえば、自殺衝動のある患者にはいつものペースを乱される治療者がいます。入念な嘘をつく患者、とにかくよく喋る患者、異常なほど静かで受身な患者が苦手な治療者もいます。治療者が、自分の限界と治療の停滞に気づき、自分ひとりでは治療の行き詰まりを乗り越えられない場合は、そのジレンマの解決を手伝えるプロフェッショナルの同僚に相談するのが唯一望めることでしょう。知識豊富な同僚に相談しても治療に進展が見られないなら、いさぎよく、信頼できる別の治療者にその患者を紹介するべきでしょう。

どんな治療者にも、「うまくいかない」日があります。ふつうの人間となんら変わりません。治療者が自分の情緒的試練に苦しんでいると、無愛想だったり、イライラしたり、ぶっきらぼうだったりして、自分の落ち込みをうっかり患者に押し付けてしまうこともあるかもしれません。ときに患者への治療がお粗末なものになってしまうとき、治療者にとって最良の解毒薬は、自分のしていることに早く気づき、どうして根拠のないふるまいをしてしまうのかを理解し、必要ならば、自分の仕事ぶりがその日は一定の水準に達していないことを心からの謝罪とともに患者にたいして認めることです。「治療者の態度にひどく思いやりがないのは、患者である自分になんらかの原因があるのだ」と故意に思い込まされないかぎり、患者はたいてい、治療者がたまに陥るスランプにたいして驚くほど寛容で、とがめたりしないものです。

10 心理療法家はなぜ自分自身のことを話さないのか

治療者が自分の個人的な情報を患者に話したがらない理由は、いくつかあります。まず、心理療法における関係に限定して言えば、「なにより重要なのは患者と**患者の**生活であって、治療者の個人的な関心やふるまいではない」という存在原則のもとに心理療法は成り立っているからです。患者は、ほかのだれでもなく自分が第一の関心事だと感じられる関係を求めており、また、そうした関係をもつことに価値があるからこそ、治療者はこの原則を遵守します。治療面接の中身を患者の生活から治療者の個人的な思いや行動へと置き換えるのは、貴重な時間を無駄にするだけでなく、患者と治療者の焦点と注意をふたりにとって非常に重要なもの——つまり、患者の経験と関心のすべて——から不必要に逸らすことになるのです。

どんなときも、患者は、治療者の個人的背景・考え・分別を考慮に入れることで、自分の考え・関心・行動から注意を逸らされるべきではありません。だれかほかの人の時間を横取りしているとか、話を聞いてくれる人の個人的ニーズにたいして配慮が足りないなどと考える必要はなく、患者は思うことをなんでも言っていいのです。心理療法が目指すのは、患者ができるだけ自分自身について知るのを助けることですから、治療のスポットライトは、たとえそれが不快なほどに明るかったり、なにもかもを包み隠さず剝いでしまうものであっても、ほぼ完全に患者に注がれるべきなのです。

皆さんの心にはさらなる疑問が浮かぶかもしれません――「患者は、自分にとってまったく見知らぬ人であり続ける人物と打ち解けたり、その人を信頼したりできるものでしょうか？　協力的な人間関係というものは、互いに個人的情報や感情を共有するからこそ成り立つのでは？　もし治療者が自分の個人的な情報を抱え込んでいたら、どうしても患者を苦しめ、突き放すことにならないでしょうか？」

心理療法を受ける大半の患者は、はじめ、治療者にたいして疑いや遠慮を感じるものです。なぜなら、治療者は「現実の」人間として患者に知られていないからです。情報の穴を埋めるため、患者は治療者にたいして、どこに住んでいるのか、結婚しているのか、自分の仕事は気に入っているか、自身の心理的問題はどう解決するのか、といった質問をするかもしれません。こうした質問は、治療者とより近しい関係を築きたいという患者側の偽りない欲求から生まれるのでしょうが、次のことを心に留めておくと助けになるでしょう。すなわち、相手にたいして私的な性質の質問をするときは、場合によると、その質問自体に非常に多くの理由があるということです。

そのため、個人的な質問をされたら、治療者は、次の点を判断する必要があります。患者にとって、求めている事実情報を受け取ることがより有益なのか、それとも、治療者という顔の向こうにある

「現実の」人間のことを知りたい理由としてなにが考えられるかを率直に話し合うことのほうが、患者のためになるのか。

ある男性患者の例を見てみましょう。彼は自分を診てくれている女性の治療者に尋ねます。「ところで、あなたはご結婚されているのですか？」この患者は、ただ何気なく聞いてみただけでしょうか。そうではなさそうです。有力な可能性について考えてみましょう。（a）彼は、独身女性、あるいは既婚女性にたいして自分がもっているイメージ（よいイメージでも悪いイメージでも）によって、その治療者を分類したいと感じているのかもしれません。（b）対人関係を結ぶことに困難のある患者であれば、治療者にたいして羨望やライバル心を抱く場合があります。そのため、親密で永久的な人間関係を結ぶことにおいて、自分よりも実際優秀なのか確かめたいのかもしれません。（c）治療者が情緒的にほかの男性に心を捧げているのかどうかを知りたいのかもしれません。もし治療者が結婚しているなら、患者である自分のことはどれくらい気にかけられるのかを知りたいのです。（d）治療者に関する夢想が、性的な感情や恋愛感情にまで発展している場合、彼の質問は、治療という関係がエロティックなできごとへ、あるいは、結婚へと向かえばいいのにという気持ちから生まれているのかもしれません。

もちろんこれが、「ご結婚されていますか？」という質問がはらむ可能性のすべてのリストではありません。しかし、患者にとって、治療者に関する個人的な情報がいかに大きな重要性をもつかが、ある程度おわかりいただけたのではないでしょうか。

ここでもう一歩先へと話を進めましょう。「ご結婚されていますか？」というような質問をされた場合、治療者はどう答えるべきでしょうか。ただ「はい」とか「いいえ」と答えるだけだとしたら、それによってなにか得られるものはあるでしょうか。彼女の答えによって、患者とのあいだに親密さと理解を増すことができたでしょうか。最初にこの質問をした理由を患者自身が探究し理解するのを、手伝うことができたでしょうか。たんなる「はい」か「いいえ」という答えでは、患者の好奇心を満たせないばかりか、治療者についてさらに個人的な情報を引き出したいという、より大きな渇望（おそらく、さらに大きくなった不安も伴うでしょう）を生むかもしれません。

患者はいくつかの懸念に直面する可能性があります。（1）治療者からこの情報を引き出したいまとなっては、治療者の個人的な生活について患者はどこまで聞き出すべきでしょうか。この探究は、いつどこで終わらせるべきでしょう。（2）患者がどうしてそれを知りたいのか理由を尋ねずに、ただ治療者が個人的な情報を伝えると、患者は安心も勇気も得られず、むしろ、自分が聞いた答えに肘鉄砲を食わされたと感じることがあります。治療者にたいして性的夢想を抱いているために、彼女が既婚かどうかを知りたがっている場合を考えてみてください。質問により治療者が既婚であると彼は知りますが、それを強く知りたがった多くの理由について、ふたりは話し合わないものとします。彼の夢想や希望の存在を考えれば、この情報のせいで患者は間違いなく落胆するとは考えられないでしょうか。治療者がこの特別な情報を彼に教えたのは、率直さや親切心からではなく、ぞんざいな拒絶を示すためだったととらえるかもしれません。そして、治療者が意図しなかったとしても、それは真実かもしれないのです！　この場合治療者は、患者の好奇心のもとを探究することも、その努力さえもせずに自分の個人的な情報を伝えたことで、患者の自尊感情と信頼を強めるどころか、打ちのめしてしまったのです。この例から、治療者によって患者に伝えられる個人的な情報が、ふたりのあいだの架け橋になるどころか、心理的な楔《くさび》を打ち込むこともあるのだとわかります。

多くの患者は、治療を受け始めたばかりでも、こうしたプロセスがどう機能するかをよくわかっています。心理療法を受ける患者が次のように発言するのは非常によくあることです。「ときどき、先生（治療者）のことをもっと知りたいと感じている自分に気づきますが、同時に、よく知らない状態も好きなのです。先生が気を悪くするかも……などと心配せずに、なんでも話せると感じるからです。先生がだれなのかわからないおかげで、先生と闘う必要はないのだと感じられます。『現実の』先生を知らないおかげで、私は私自身でいられるし、先生への信頼をますます感じるのです」。

このコメントには、自分と他者を比べる必要がない関係を患者が好んでいることが表れています。治療者について知ったことはすべて、患者の心のなかでどんどん情緒的な重要性を増してくる――これは、心理療法では基本中の基本です。たとえば、自分自身の問題をどう解決しているか、趣味はなにか、収入はどれくらいか、支持政党はどこかといったことを治療者が患者に話したらどうなるか、考えてみましょう。

おそらく、患者はあらゆる手を使ってこの情報に対処しなければならないでしょう。患者は、重要かつ専門的な助けを求めて治療者のもとに来ているのですから、きわめて当然のこととして（しかしおそらく非現実的なレベルで）治療者が、患者自身の熱望している**人間として**の卓越性の模範を示してくれると考えています。そのいっぽうで、非常に尊敬する人物（またはイメージ）と比べて自分はひどく劣っていると感じているかもしれません。そんなふうに感じるのは、自分は人生をうまく前進して来れなかったというのが真実だから、あるいは、治療者を過度に理想化しているため、治療者にたいして抱いている誇張したイメージと比較した自分は、価値のないつまらない存在だと見ているからです。

とにかく、患者が心理療法家に関する個人的な情報を手にしたうえに、その情報の意味や重要性がお互いによって完全に見逃され続けていると、患者は、自分が軽く見られ、切り捨てられたと感じるでしょう。そればかりか、治療において、意識的あるいは無意識的に、この情報に直接関わる重要な話題を避けるようになるかもしれません。たとえば治療者が「私は熱心な民主党員で、余暇の時間は共和党候補打倒運動に参加しています。共和党支持者など、誤って誘導されている間抜けだと信じているんです」と患者に話すと仮定してみましょう。こうした暴露的発言は、患者が熱心な共和党員の場合、あるいは、たまに共和党候補に投票する程度の場合、それぞれどんな結果をもたらすでしょうか。

こうした状況におかれた患者はおそらく、自分の政治的志向を話題にするのをためらうでしょう。すでに治療者の政治的ひいきについてはわかっているので、自分がなにか意見を述べても、無視されるか、あるいは真っ向から反論を受けると推論するのは現実的と言えます。それゆえ、自分の政治的意見を隠さずに話して（思い過ごしであれ、現実であれ）治療者の機嫌を損なうか、それとも、政治的にあたりさわりのない立場を維持するか、どちらを選ぶか苦悶しなければなりません。悪くすると、治療者だけでなくほかのだれとも、患者は、政治的な討論をしなくなるかもしれません。

この仮想例を見れば、多くの治療者が自分自身を匿名の「白紙」として患者に提示するのを好む理由がわかります。「白紙」の上ならば、患者はどんな意見や感情もスケッチできます。治療者の個人的な態度や行動を、特定の方向に導く道しるべとして考慮する必要はないのです。

匿名の治療者を、患者は「現実の」人間としてとらえているのかという問題に戻りましょう。治療者は自分についてほとんど患者に話さないかもしれませんが、比較的短いあいだに、治療者の人格的資質の一部は、治療のなかで隠しようのないほど大きな力に育つでしょう。治療者のあたたかさ、人間味、気遣い、相手を尊重する心、注意深さ、根気、我慢強さ、公正さ、ユーモア、共感、知性、誠実さといった人格的資質は、患者にたいして圧倒的な影響を及ぼすのです。

治療者は、臨床分野においては、相当量の論理的知識と効果的な技術をもっているでしょうが、その**人格的**資質は、患者によって選択的に感知され評価を受けます。心理療法を受けている患者のほとんどは、治療者のプロとしての仕事ぶりに見られる論理性や技術的様相と人格的資質とをきわめて敏感により分けます。そうすることで、きわめて個人的な方法で治療者を理解するようになるのです。私生活について知ることはなくても、やがて必ず、治療者がどんなタイプの人間かを判断する機会が与えられます。

しかし、心理療法家が、自分の個人的な情報を患者に知らせる必要がある、または知らせるのが有益かもしれないと感じる機会は実に多いという事実を認識しておくことは大切です。時間にかぎりのある心理療法においては、たとえば治療者が、私的なとっておきの話をすることで、患者が危機を乗り越えられる可能性もあるのです。治療者が個人的に関わろうとしてくれるのは、自分への心配を反映しているのだ——危機に陥り苦しんでいる患者がそう感じられる場合はなおさらです。ただし治療者は、自分の匿名性を壊すことで生まれる、いい点も悪い点も含めた多くの結果にたいして細心の注意をはらう必要があります。また自分の個人的情報を患者にどう伝えるかについても、よく考えて精選すべきです。

最後にあとひとつだけ付け加えましょう。多くの治療者が犯す間違いとは、必ずしも、個人的な情報を患者に知らせるのを拒否することではありません。むしろ、自分についてなにも語らないその理由を、患者に打ち明けないことです。心理療法を受けている患者の大半は、妥当な説明や、こうした治療的設定を尊重する根本的理由を示されれば、匿名性の高い治療者とやりとりすることを難なく受け入れられるのです。

ところが、患者にたいして説明も質問もせず、個人的情報の提供をただ拒否するだけの治療者は、患者を置き去りにしてしまうことになりがちです。「個人的質問をするなんて、厚かましく無礼だった」——こうした感情とともに突き放された患者は、個人的性質の質問を続けることもないでしょう。そして、これはあとあとひどく後悔することになります。なぜなら、治療者への個人的な質問は、患者が自分自身にたいしておもにどんな関心を抱いているかを知るための有力な手がかりだからです。このため、ふつうは、患者が治療者について個人的質問をする気をそぐようなことをすべきではありません。患者の心への重要な細道を愚かにもふさぐことになるからです。患者から個人的質問を受けた治療者は、次のように反応するのが望ましいでしょう。「もし、仕事についてでも、個人的なことでも、私にたいして質問があれば、それがどんな質問かお聞きしたいと思います。私自身のことを話すという方法では答えられないと思いますが、そうした質問は非常に重要で、あなたの考えや関心を理解する手助けになるのです。つまり、あなたが私について知りたいと思うことの多くは、あなたが自分についてなにを知りたいか、知る必要があるかを、そのまま映しているのです。だからこそ、あなたの個人的な質問には、私自身の個人的な情報ではなく、こちらから別の質問をしたり、なんらかの解釈を行ったりする方法で答えることになるでしょう。あなたがそうした質問をする理由を発見する過程は、長い目で見れば、私があなたに話すことのできる私生活のどんな情報よりも、あなたにとって重要で有効なことが多いのです」。

11 心理療法家はアドバイスをしないのか

自分の抱えている問題の解決方法を治療者に教えてもらえると考え、それを期待して治療を受けるケースは少なくありません。私は、患者とエキサイティングで価値ある面接をした経験が何度もあります。やると決めたことを実行できない患者の、その理由をふたりで綿密に検証し、取り組みました。ところがその患者は、面接室を出て行くときにこう尋ねたのです。「ぼくの苦しみの原因ははっきりしました。それで、先生はぼくがどうするべきだと思いますか？」

残念ながらこうしたアドバイスの要求に応えられないのには、多くの理由があります。たいていの人は、自分が必要とする、あるいは、利用できるよりもずっと多くのアドバイスを、幼いときから受け続けています。そのため、一見進んで他者にアドバイスを求めているようでも、実は、人生について指南されることに深い怒りを感じて当然なのです。にもかかわらず、不安で絶望しているときには、手当たり次第に個人的アドバイスを得ようとするかもしれませんが、他者から掻き集めた多くのアドバイスは混乱や絶望を増すだけでしょう。このため治療者は、自分の問題についてすでに他者から提案を受けたかどうか、アドバイスを求める患者に尋ねるかもしれません。もし彼が「受けた」と言えば、治療者はこう尋ねるでしょう。「そうやって努力して手に入れたアドバイスのどれかに従いましたか?」すると患者はいくぶんうんざりした様子で答えます。「もらったアドバイスはあんまりでたらめで表面的すぎて、なんの価値もありませんでした」。そして(もし彼が実に率直な人間ならば)こう付け加えるかもしれません――いままで「こうしろ」と言われたことで、いいと思ったものなんてひとつもないですよ、と。

この時点で、治療者は尋ねるでしょう。「もし私があなたに『こうしなさい』と言ったらあなたはどう感じますか?」しばしば、患者は「おっしゃるとおり」という様子で答えます。「うーん、結局自分がやりたかったようにやるでしょうね。ぼくは強情なんでね」。この重要なやりとりをとおして、患者と治療者の双方が気づきを得ます。つまり、患者は治療者のアドバイスがほしいという話でしたが、実際は、邪魔されずに自分自身で決定したいと思っているし、そうあるべきだということです。

しかし患者によってはまったく違った反応をする場合があります。熱心かつ完全に、治療者のアドバイスに従うと約束する患者もいるのです。無意識のうちに奴隷と化したようなこうした態度を見て、治療者は次のような疑問を口にするかもしれません。なぜ人は、完全に、考えもなく他者に従うという危険なまねを冒せるのだろう。やがて治療者は、「自分は心理学の専門家なのだから、私のアドバイスを盲目的に尊重し完全に支持するほうが、患者にとって得なのだ」という事実に思い至ります。すでにいま、患者の人格の重要な面が、治療者と患者によって露《あらわ》にされつつあるのはあきらかです。治療者によるアドバイスが賢明で善意のものである可能性が大きいとしても、盲目的にそれに従おうとするようなら、その患者には、人生において権威的地位にある他者に黙従する傾向があるのはほぼ疑いありません。みずから他者を招いて自分に権勢を振るわせることにより、その患者は重大な人格的危険を冒しています。というのも、自分のなすべきことを判断するのは結局自分だけだからです。そうした重要な発見は、患者が心理療法から得られるおもだった報酬のひとつだといえます。

治療者がアドバイスの提供を控えるのは、次のような確信があるからです。人はふつう、アドバイスそのものを与えられるよりも、最初にアドバイスを求めるきっかけとなった不安や葛藤をしっかり理解してもらうことによってのほうが、ずっと救われるものだ、という確信です。通常、他者にたいして個人的なアドバイスを与えても、効き目の鈍い緩和剤となるのが関の山です。指示や支配を他者に求めようと思わせるこうした情緒的葛藤をよりよく理解しコントロールするにつれ、人はより自発的になり、結果として、他者の意見や判断に縛られなくなるのです。

もちろん、人間心理学（human psychology）の専門家である心理療法家に個人的アドバイスを求めるのと、たとえば、自動車の機械工に愛車のモーターの不具合について専門的意見を求めるのでは事情が異なります。さらに言えば、肝臓の不調についてかかりつけの医師にアドバイスを求めるのとでは、いくつかの大きな違いがあるのです。車の場合なら、モーターを新しくすれば問題は解決するでしょう。だとすれば、その事実を知らせてほしいと思うでしょうし、信用のおける機械工のきちんとしたアドバイスに従うのは正しい判断だと言えるでしょう。肝臓の痛みの場合は、信頼できるかかりつけの医師が抗生物質や手術による治療を勧めるなら、ふつうはそのアドバイスを真剣に検討するのが賢明です。もちろん、個人的・金銭的な事情が逼迫《ひっぱく》しているなら、他の機械工や医師の意見を詳細に聞いて回るのも妥当かもしれません。そうした決心は、心理的に大きな意味をもつ可能性もありますが（肝臓の手術をしようと決めるのはあきらかに大きなストレスを生みます。新しいモーターを買うのにかかる金額を考えるのも同様です）、それでも多くは、具体的な問題であり続けます。その手術を受けるべきだろうか。古くなったモーターは交換すべきだろうか。こうしたことは、ふつうなら、具体的な基準にのっとって解決できる具体的なことがらです。

これが、心理的・情緒的葛藤の問題となると、事態は変わってくるのです。人格や精神における葛藤を解決したり「治したり」するのは、その大部分が、有形で具体的なことではありません。情緒的葛藤や個人的意見に基づく葛藤は、たんになにかを置き換えたり、調整したり、訓練したり、油をさしたり、投薬したり、あるいは、なにか「する」ことでは解決できないのです――なにか「する」という言い方に、「心の動きについての理解力を増す」という意味をもたせないかぎりは。そのため、患者からアドバイスを求められたら、治療者は次のように提案するのがよいでしょう――「少なくとも当面のあいだは、話し合いをとおして、あなたがそのテーマについてどう考え感じているか、できるかぎり見極める努力をしてみましょう」。たいていの人は、自分の情緒的葛藤を十分に理解するにつれ、自分自身で個人的な決定をくだせるようになり、結果がどんなに不満足でつらいものでも、それに責任をもてるのです。

心理療法家が患者にアドバイスするのを躊躇するのは、それが受け入れられないのを恐れるからではなく、むしろ、ふたつ返事で受け止められ、否定することなく採用される場合があまりに多いと思うからです。なんの規制も設けずにいつも患者に個人的アドバイスを与えれば、治療者は、治療者というよりむしろ人形遣いになってしまうでしょう。患者は、治療者の希望に従いたいと心底から思い(おそらく、従わないことで治療者の気分を害するのを無意識的に恐れて)、自分自身の目標や期待を満たそうとしなくなるでしょう。治療の目標のひとつは、自発的で独立した思考を高めることですから、アドバイスはふつう、心理療法においてはめったにお目にかからないものなのです。

ここで、いままでの話の流れとは完全に矛盾するのを承知でひとつ指摘しなければなりません。治療において、患者へのアドバイスが絶対的に必要な状況がいくつかあるということです。たとえば、患者によって治療の質がひどく蝕まれ、治療が誤用されていると治療者が強く感じるときには、自分たちの時間をどうすればもっとうまく有効活用できるかについて、建設的に忠告する必要があります。また、深刻な情緒的危機にあるあいだ、建設的で安全な、あるいは、有益な決定をするための心理的動機が欠如する人もいます。そうした場合、治療者が、患者にたいして別の道を提案することで介入する必要があるかもしれません。このように、アドバイスが避けられない場合でも、自分が提供しているのはたんなるアドバイスであって命令ではないことを、治療者は極力、患者に知らせるべきです。患者は治療者の個人的感情を考慮に入れる必要はなく、治療者の提案を拒否する自由を十分にもっている——患者がそう感じてくれることを治療者は望み、また、きっとそう受け取ってくれるだろうと信じてもいるのです。

要するに、治療者が患者にたいしてアドバイスするかどうかは、たいてい、次のような点を検討することで決まります。（a）患者には、アドバイスを求める妥当な必要性があるか、そして、（b）アドバイスすることは、患者にとってほんとうに役立つか。たとえば、その地域に越してきたばかりの患者にたいして、面接室までの往復の交通手段はなにが一番適当かについては快くアドバイスするでしょうが、政治学者である患者に向かって、選挙人登録の方法について助言することはありえないでしょう。

12 過去のすべてを思い出して話す必要があるのか

実に多くの人たちが、誤った認識のもとに心理療法を受け始めます。それは、自分の過去をすべて掘り出して再現する覚悟さえできれば、心理療法から恩恵を受けられる……という誤解です。患者によっては、途方もなくたくさんのことを思い出す芸当を望んでいるのは治療者も同じだと信じ込んでいます。そうした思い込みのせいで、催眠術を受けるというアイデアにとくに惹かれる人は多く、自己発見と自己理解のためというよりも、生きるという仕事をどんどん「はかどらせる」ために、自分の過去全体を立ちどころに掘り起こし、再現し、整理し直そうとします。こうした考え方にあるのは、魔法のような望み——過去を完全に、瞬く間に、白日の下にさらせば、人格の革命的変化を引き起こせるという望み——です。

過去を適切に見直し、よみがえらせ、追体験する能力は、現在を扱うにあたってもっとも有効な助けとなるのは間違いありません。このため多くの治療者は、治療面接の際、子どものころのできごとについて考え情緒的に追体験するよう患者に促します。患者によって、こうしたプロセスに耐性のある人とない人がいるのはあきらかで、自分の人生を振り返って探ってみるようにと最初に促されたときには、まったくなにも思い出せない患者もいます。いくつかのできごとはありありと思い出せるのに、大事な部分全体がすっかり抜け落ちてしまっている人もいます。そのいっぽう、簡単に記憶を遡り、驚くほどの具体性と連続性、鮮明度でもって過去の経験をとらえ、関連づけられる患者もいます。

心理療法において、自分の過去を思い出して詳しく話せる能力は貴重な個人的財産ですが、だからといって、その経験から成長・成熟できると完全に保証されるわけではありません。たとえば多くの患者は、自分の過去の大部分を思い出すことにかけては一流なのに、そうした過去の経験を現在の葛藤に結び付け応用することについては、戸惑うほど不得手です。いっぽうで、非常に多くの患者が、過去の経験については深刻で動かしようのない抑圧があるものの、みずからの過去から得られたほんのわずかなものをきわめて有効に利用する能力をもっています。

何年かにわたり私が診たある患者は、子どものころについてはほんのアウトライン程度しか思い出すことができませんでした。子ども時代に関する私の質問に答えようとするといつも、まるで、回転する万華鏡のように過去が自分の前を通り過ぎていくように見え、はっきりした、理解可能なことはほとんど話せませんでした。彼の子ども時代の大部分は暗くみじめで、単調で、退屈で、蒼白いもやのかかったような状態で、ほかに比べて重要ではっきりしたできごとを見分けるのが難しかったのです。しかし、このようにうまく思い出せなかったにもかかわらず、その患者は心理療法を実にすばらしく利用しました。自分の感情を率直に打ち明け、私と強い作業関係を形成する能力のおかげで、霧に包まれた記憶を十分に補うことができたのです。

つまり、過去をうまく思い出せなくても、必ずしも、その患者が治療で苦労したり失敗したりするわけではないのです。裏を返せば、巨大な記憶が、心理療法での完全なる成功を約束することもありません。心理療法から有益なものを得る人間の能力は、多くは、内省的能力、生得的な知性、意欲、苦痛を伴う曖昧さや災難に出会っても耐える能力など、過去を思い出す能力との連携において機能するパーソナリティ要素が決め手となります。

心理療法を受けようかと考えている人は、いまから述べることでいくらか安心していただけるでしょう。過去の重要なできごとをうまく思い出せないのは、もともと、幼いころの特定の経験によって引き起こされた情緒的苦痛や葛藤への反応として無意識的に起きる心理的抑圧が原因であることがよくあります。心理療法の過程をとおして、過去のできごとにたいする記憶が巨大にふくらんでいく患者は多く、それは本人にとっても驚くべき経験です。これは一見ミステリアスな変化ですが、実はまったく不思議ではありません。患者が自分の過去に向き合い始めるとき、おそらく最初はためらいもあるでしょうが、だんだんと、臆せず現実的に直面できるようになっていきます。自分の恐怖に立ち向かうことにより――もちろん心理療法家の助けを借りて――彼がその経験にたいしてかつて感じていた不安はなくなり、その結果、ある程度それを克服することができるのです。おそらくは初めての経験でしょう。

過去についての恐怖が薄れるにつれ、患者はふつう、これまでの来し方に好奇心と興味をもつようになります。自分に探る勇気さえあれば、その場に生きていた過去の自分についてのいくつかの疑問に、ほんとうの答えが存在するのだと思えてくるのかもしれません。まさにドミノ倒しのごとく、思い出して征服していくごとに、ますます人生を思い出したくなり、またそれが可能になるのです。当然のことながら、このプロセスの速度が増していくほど、日々出会うほとんど**すべてのこと**――仕事の課題や、読み物や、社会的なやりとりや、夢などあらゆること――を、よりよく記憶できるようになるのに多くの患者は気づきます。人はふつう、自分の過去に関する抑圧が少なくなるにつれて、人生のそれ以外の重要な側面においてもますますオープンに、受容的に、いきいきとしてきます。つまり、全体として抑圧の少ない人間になるので、こうした変化が起きるのです。

過去の記憶の想起に関しては、何年も前にアルフレッド・アドラーが推奨したとおり、私も、思い出せる一番古い記憶を話してくれるよう患者に求めるようにしてきました。大半の患者は、最初の記憶をつきとめて話すことができます。その内容や順番の正しさにはしばらく確信をもてないかもしれませんが、最初の記憶が完全に正確かどうかは、たいして重要ではありません。大事なのは、患者がその特別の記憶を選び出すことなのです。たいていは、彼の人生全体の形成に非常に意味のある、幼いころの特定のテーマやイメージを含んでいるからです。

たとえば、ある患者の最初の記憶は、二歳半のときに母親の葬式に参列している短いイメージでした。悲嘆にくれ、静まりかえった会葬者の一群に囲まれて、土砂降りのなか、泥にまみれて立っていた様子を思い出したのです。当然ながら、こうした衝撃的でつらい経験が、患者の記憶に永遠のしるしを残したことは明白です。母親を失って以後、彼は、親代わりの人物から気まぐれでいやいやながらの世話を受けただけでした。母親の死によってあきらかに彼は悲しみに打ちのめされ、孤独な立場に置かれました。だれも母親の代わりにはなれませんでしたし、なろうともしなかったので、彼の人生はこの時点から恐ろしい方向へと転換したのです。子ども時代にはもう深刻な抑うつ状態に陥りがちになり、それは大人になるまで続きました。彼のもっとも古い記憶が母親の葬式の記憶であるのはなんの不思議もありません。また、この記憶が、嘆き・喪失・放棄といったテーマで覆われているのも理解できます。こうした感情は、この患者の慢性的な抑うつの第一の源だったからです。

最後になりますが、次のことを心に留めておくといいでしょう。子どものころの経験をぼんやりとしか思い出せない場合でも、大人としての現在の行動の多くは幼いころの経験の所産であり、過去を如実に表しているということです。日々の行動は、子ども時代の経験やできごとを知るための強力な手がかりとなるでしょう。たとえば、子どものときに繰り返し悪意に満ちた身体的暴力に苦しんだ人は、おそらくそうした殴打の記憶をはっきりとは思い出せないはずですが、他者にたいしてひどく苛立つと、相手に殴りかかっていく傾向があるかもしれません。これは、人の行動（彼のけんかっぱやさや闘争性）が、子ども時代のできごとを自然と表す手がかりとなっているのです。このため、子ども時代のことをはっきりと思い出せない場合でも、現在のふるまいが、それを知るための確固とした有力な鍵を提供してくれるのです。過去の記憶が曖昧な患者を診るとき、心理療法家は、この点につねに留意しておくといいでしょう。そうすることで、わずかなりとも患者の過去への扉を開き、現在の行動の理由の多くを患者自身が理解できるよう、手助けできるかもしれません。

13 小さなできごとにも深い意味があるというのはほんとうか

基本的には、そのとおりです。日々の生活のなかで通常なら見過ごされ、些細なこととみなされる多くのことがらが、心理療法では注意深く見直されることによって、新しく、力強く、より深遠な意味をもつようになります。いくつか例を挙げて説明しましょう。

看護師を目指して勉強中の若い女性が、非常にイライラした様子で面接に現れました。どうしてそんなに腹を立てているのかと尋ねると、彼女は叫ばんばかりに言いました。「今週はまったくひどい週だったんです！」それから思わず口走りました。「まったくクソみたいな毎日だったわ！」口を滑らせたことに気づいた彼女はすぐ、恐る恐る、次のように打ち明けました。この何週間かずっと世話をしている患者が失禁状態で、粗相と悪臭のひどさにうんざりしているのだと。そして、心をこめてその患者の面倒をみるほど、自分の仕事にたいする不愉快な思いが生まれてくるのだと、詳細に話し始めたのです。

こんな例もあります。才能豊かで成功を収めているある建築家の患者は、心理療法の料金をいつもきちんと支払ってくれていましたが、治療を始めて数か月後、少しだけ支払いが遅れました。彼の十分な額の収入から考えて、経済的な理由ではないだろうと考えた私は、その件について少々好奇心をもち、患者に尋ねてみました。彼ははじめ、自分が支払いを踏み倒そうとしたような言い草だと非常に腹を立て、私を責めました。「あなたが最終的にきちんと支払ってくれることは疑っていません。これまでもまじめにそうしてくれているのですから」と私は念を押しましたが、いままでになかった今回の遅れについて不思議に思い続けていました。これには、目に見えるより大きな意味があるのではないだろうか、と。

少々おどおどした様子を見せながらも、患者はとうとう「実は理由があるんです」と認めました。私は彼の奥方には面識がないのですが、彼女は、おそらく信条的な理由で、間違いなく最初から私を毛嫌いしているようでした。家計の支払いをまかされているのは彼女でしたが、この数週間、手元にはたった一種類の郵便切手しかありませんでした。それがこともあろうに、「LOVE（愛してる）」という文字の書かれた切手だったのです。そうした愛情あふれるメッセージの切手を貼った封筒で私への支払いを送るのが、彼女には心理的に耐えられなかったのです。思ってもいない感情を、私に勘違いして受け取られるよりは、次に郵便局に行くまで支払いを遅れさせるほうを選びました。結果的に彼女が支払いを送ってきたときの切手がどんなものだったかは覚えていませんが、ウキウキするメッセージのものでなかったことだけは、間違いありません。

次に紹介するのは、思春期をつうじて父親から繰り返し性的に誘惑された、聡明で感受性の強い若い女性の例です。毎回の面接を始める際、彼女はいつも、ソファのクッションを自分の胸と膝のあいだに挟んでいました。それがなにを表すのか、私は何通りも解釈を試みましたが、このふるまいは何か月も続きました。また、彼女が私の名前を「アマダ（Amada）」ではなく「アーマダ（Armada）」と発音するのにも気がつきました。

治療開始から一年が過ぎたころ、その患者は、クッションを脇に置くことが多くなり、同時に、私の名前も正しく発音し始めました。こうした変化はたんなる偶然の一致ではないと確信した私は、それについて彼女に尋ねてみました。この変化が彼女にとってなにを意味するのか話し合う際、彼女は迷いなく直接的でした。「先生は父と違って、私を傷つけることなんてないとわかってきたのです」と彼女は言いました。名前の発音については、次のように打ち明けてくれました。彼女はいつも正しく読もうと思っていたのに、どうしても「アーマダ」としか呼べなかった。なぜなら私を、無敵艦隊のごとく脅威的な存在だと感じていたからだ、(訳注1)と。彼女は結果的に、私のことをもっと前向きにとらえてくれるようになりましたが、私の名前が、スペイン語では実際に「愛される女性」を指すことに気づき、気にしていたのかどうかはわかりません。

こうした例からわかるように、治療においては、患者の示す非常に細かで些細な特徴が、彼らがどう考えどう感じているかについての重要かつ広大な情報なのです。ひどく権威主義的で重苦しい雰囲

（訳注1） the Armada はスペインの無敵艦隊のこと。

気の家庭で育った三五歳の銀行員は、ある日、私の名前について冗談を言いました。彼によれば、私の名前は、精神的な意味でAMAとDAの二組の頭辞語に分けられると言うのです。彼の考えていることはよくわかりましたが、それについて詳しく説明してくれるようにあえて頼んでみると、彼は言いました。「それはですね……先生は米国医師会（AMA：American Medical Association）のようだということです。権威主義的で、知識豊富で、科学的だ」。まだ続きがあるに違いないと感じた私は、さらに攻撃を続けました。「それから、堅苦しく、保守的で、威張っていて、あまりに強力だと思っていますね。米国医師会のイメージと同じように」。少しためらいながらも、ときどき私のことをそういうふうに感じると彼は認めました。

ではDAはなにを意味するのでしょうか。彼は言いました。「先生は地方検事（District Attorney）のようなんです。私の心を調査し、悪いことがないか探るからです」。ふたたび私は、彼にはまだ話していないことがあると感じました。そこで、彼の忌まわしい子ども時代の経験を考え、微笑みながら次のように言ってみました。「そして、私がなにか悪いことを探り当てたら、あなたを追及し、もしかしたらどこかに閉じ込めるかもしれないですよね。つまり、あなたのお父さんがしたのと同じように」。彼は少し気が楽になったようで、何度もそうした恐怖を感じていたと自分から言いました。

一見どうということのない発言から、その人物に関する決定的な情報があきらかになることもあります。ある日、せっぱつまった状態にあると訴えて、予約の電話をかけてきた男性がいました。私は五分話しただけで、彼がつねに次のような表現で話し始めることに気がつきました。「正直な話……」

「ほんとうを言うと……」「からかっているると思わないでいただきたいのですが……」「まったく嘘偽りない話なんですが……」「私を信じてくださるなら……」。この患者は、最初の数回の面接でもずっとこうした調子で話し続けました。話の内容はおもに、「嘘をついている、とぼけている」といって他者から（だいたいは教師や両親から）疑われ、責められていた自分の子ども時代についてでした。彼はつねに家庭や学校で小さな規則違反をしたことをとがめられ、辱められていました。自分はやってもいない悪事について不当に責め立てられ、ほかの子どもの仕業なのに厳しく罰せられることがほとんどでした。成長するにつれ、だれも自分のことばを簡単に、無条件には信じてくれないのだという恐怖をもつようになったのも当然です。もちろんこの恐怖のせいで、他者とうまくやっていく能力が著しく傷つけられました。彼の半生を見れば、「嘘だと思わないでいただきたいのですが……」といった表現で人間関係を始めることで、自衛する必要を感じる理由がわかります。

心理療法においては、「ありふれたできごと」などないことを、こうした例は示しています。うまく説明・理解できないからといって、ある心理的できごとに特別な重要性がないとはかぎりません。ほんの一瞥、あくび、痙攣、微笑、腕や脚をひょいと動かすこと、「悪意のない」冗談、束の間の思いつき、洋服の趣味が変わること、新しい髪型、そうしたものは、本人が説明することばよりもずっと、実際の感情を表していることが珍しくないのです。このため心理療法家は、一見意味がないように見えるこうしたできごとも、観察し理解する訓練を受けるのです。

あともう少しだけ付け加えておきましょう。多くの人は心理療法を受けるのに恐れを感じています。

心理療法家によって精密な顕微鏡の下に置かれ、恐ろしい真実を暴き出されると考えるからです。自分たちの感情や思考が、治療者には完全にお見通しになるのを心配しています。治療でことばに詰まったり、完全に協力的な態度を見せて正直にならなければ、治療者は、厳しく彼らをおとしめ審判をくだすいい機会ととらえ、苦境につけこんで奇襲をかけてくるだろうと恐れているのです。

優秀な治療者ならば、患者をこのようには扱いません。治療者が、患者のパーソナリティにおける小さなできごとや移り変わりに注意を向けるのは、「悪い」考えや「悪い」行いの現場を「取り押さえる」ためではありません。むしろその目的は、患者がみずからの態度やふるまいの意味するところにより深く気づき、**患者自身**が自分について不満に思っていることのすべてを変えられるように手伝うことだけなのです。たとえば、言い間違いや頻繁な物忘れにたいして、まるでナチの重大戦犯だと告白したかのように患者を責め立てる治療者は、そうした「ありふれたこと」が心理的発見のための驚くべき機会を治療者や患者に提供することを理解しておらず、その結果、患者にたいして深刻な害を与えているのです。

何人《なんぴと》も、外側から見透かされることなど絶対にありません。また、全知全能の治療者も存在しません。治療者はただ、あなたが話すことだけを知るのであり、それ以上のことはわかりません。優秀な治療者なら、患者の些細なふるまいから重要な推論を導くことができますが、それでも彼の意見は、患者自身によって裏づけられたり異議を唱えられたりするまでは、ただの推論でしかないのです。

14 心理療法家はクライエントの話のすべてを記憶できるのか

もちろん、患者の言うことすべてを覚えていられる心理療法家など存在しません。まれに見る聴覚記憶の持ち主でないかぎり、患者の半生の多くの事実やできごとは忘れてしまいますし、それは当たり前のことです。患者にとって重要な情報を治療者が忘れてしまい、記憶から消えてしまったデータを積極的に利用できないせいで治療が長引いてしまう場合もありますが、それも避けられないことです。

治療者は自分の覚えの悪さや混乱しやすさといった問題にたいして、さまざまな方法で対処しようとします。面接では、つねに気をつけて録音したりメモをとったりする治療者もいますし、面接のあとすぐに治療の要旨を書きつけ、定期的に読み直して重要な心理的手がかりや説明を見出そうとする治療者もいます。

しかし、覚えの悪さや混乱しやすさという問題を克服するのにもっとも重要なのは、治療者が患者と治療者自身を理解する能力です。ある人物の過去の詳細を思い出す能力、また、そうした詳細を心理的に意味のあるかたちに再構成する能力は、治療者が患者にたいして抱く真の深い興味に左右されるところが大きいのです。もし治療者が、そのあるべき姿のとおり、ユニークな個人としての患者に深い興味をもつなら、患者の過去の重要なできごとは魅力的で忘れがたいと感じるはずです。もちろんこれは、患者が話した些細なことのすべてをコンピューターのように思い出せるという意味ではありません。しかし、患者の人生は――そのもっとも小さな曲がり角や遠回り、大変動も含めて――個人的にも、職業的にも、治療者にとってきわめて重要なので、治療者は患者について非常に多くのことを覚えているはずだという意味です。

患者に関する知識が増えるにつれ、患者のパーソナリティと半生は、治療者とユニークなつながりをもち始めます。治療者が患者を知れば知るほど、治療者の知るほかの人物とその患者との差異ははっきりしてきます。ある意味、治療を介する関係性は、一講師と多くの学生たちとの関係に似ているかもしれません。学期のはじめには、講師の目の前には期待に目を輝かせた多くの顔が海原のように広がっています。彼らは、「学生」として集合的に認識される、比較的同質の集団でしかありません。しかし、その講師が教育という仕事に熱心であれば、学生たちの提出物を読み、授業での発言に耳を傾け、研究室で学生ひとりひとりと会ったりするうちに、それぞれ固有の希望と期待とともに、ひとりの特別な人間として各学生を評価していくようになります。

治療を介した関係性も同様ですが、ひとつだけ大きな違いがあります。治療者は通常、一度にひとりの患者と向き合い、長時間にわたって分断・中断されない注意を患者に注ぐため、ほかの多くの人間関係とは比較にならない親密さをもって患者を知っていくことになるのです。なによりもこの深い親密性をもつからこそ、治療者は、患者の人格的ユニークさを大切にとらえるようになり、患者の半生の大半を忘れたり、どうしても紛らわしいほかの患者の背景と混同したりする可能性はきわめて低くなるのです。

治療者が、患者の話す重要な個人的情報を忘れてしまい、使いそびれる危険性を最小限にしてくれる付加的な要素があります。治療者と共有する多くの個人的情報は患者にとって大きな意味をもつので、ごく当たり前のことながら、患者は過去のそのできごとに何度も立ち帰り、新鮮な洞察と視点で自分の記憶を補完することになります。こうして治療者は、患者の過去のなかでもとくに情緒的に重要なできごとのひとつを、何度も聞く機会を与えられる場合があるのです。つまり、患者にとってそのできごとが紛れもなく重要だという事実に加え、そのこと自体を思い出せる機会が何度もあるのです。

だからといって、治療者は、患者みずから過去の要点を繰り返し話してくれることに過度に頼ってはいけません。過去の運命的なできごとの多くは、患者にとっては間違いなくひどく苦痛なものです。いったん話してしまったあとは、それ以後の人生の物語から削除して、永遠に追放したいと望んでいるかもしれません。そのため治療者は、患者の過去に関する情報を初めて聞いたその瞬間から、できるかぎり自分自身で記憶しておく必要があるのです。

患者によっては、自分の人生におけるもっとも些細なことがらについてさえ、治療者が強大な記憶力を発揮してくれるのを期待する者もいます。驚異的・超人的な記憶力を期待された治療者は、他者にそうした完璧性を求めたあとに続くある種の幻滅に患者が対処するのを手助けするには、非現実的な期待をしてしまう理由を一緒になって探ることが有効だと気づくでしょう。

治療者に自分の半生を完璧に記憶してもらいたいという望みの根源には、多くの場合、二重の恐怖が存在しています。第一の恐怖とは、治療者が患者の個人的事実を忘れてしまうと、患者を助けようとしても動きがとれないのでは……という不安を反映したものです。情緒的問題を抱えたまま、自分は取り残されてしまうのではないかと患者は恐れるのです。

第二の恐怖は、治療者が自分を理解も評価もしてくれなかったらどうしよう……と恐れる気持ちで、多くの患者が襲われるものです。この結果、患者は、治療者が自分を大事に思っているとわかるサインならどんなものでも、注意深く探し回ります。なかでも、大袈裟なかたちでその役を担わされがちなのが、治療者が患者の背景を非常に細かな点まで覚えている能力なのです。こうした恐怖と期待が存在するため、事実や詳細にたいして目覚しい記憶力を示すことのできない治療者は、思いやりがなく患者を軽く見がちだと受け取られるでしょう。しかし、治療者の記憶力という一点だけに基づくそうした見方は、非常に根拠の怪しいものである可能性があります。

いっぽうで、治療者が患者から聞いたこと、患者について聞いたことの多くを忘れないでいるのはきわめて重要です。もし治療者の仕事になんらかの価値があるとするなら、患者にたいして心理的に解読・解釈する必要があるのは、間違いなくこうした情報だからです。たとえば、患者の名前、年齢、既婚か未婚か、兄弟姉妹の数とその年齢、生まれ順、職業、学歴、恋愛関係の質と量、両親の子育てぶりはどうだったか……といった個人的データは、患者を知っていくプロセスのほんの「手始め」として、土台になるものです。患者についてのそうした大事な事実にきちんと向き合えない治療者は、自身の情緒的葛藤によってひどく横道に逸れてしまいがちだということですから、問題の真相を見極めるべく、注意深く自分自身を分析する必要があるでしょう。

実際、私自身も、一度ならず次のような経験をしました。ある患者と何年かにわたり面接を重ねた末に治療がいったん中断されましたが、一、二年後、その患者はあらたな情緒的プレッシャーに悩まされて予約の電話を入れてきました。彼の自己紹介は次のようなものでした。「こんにちは。L・Rです。覚えていらっしゃいますか?」ゆうに一〇〇時間を超す面接を重ねた患者ですから、もちろんすぐに思い出せる相手でした。あれほど長時間にわたって親密な会話を交わしたにもかかわらずこのような言い方で再会を切り出すことで、彼は、「私はずいぶん軽く見られているし、愛されてもいないので、あなたは私を覚えていないかもしれません……」という思いを、すでにこの時点ではっきりと示していたのです。

また、数か月にわたって治療を施したある女性とは、いつもなかなかスムーズに面接が始められませんでした。こんなにやりにくいのは、待合室で最初に顔を合わせるときになにか問題があるのかもしれないと推測した私は、私の出迎え方になにか不快に感じる点があるかと尋ねました。用心深さを見せながらも、彼女は「そのとおり」と答え、非難をこめて言いました——挨拶のとき、私がけっして彼女の名前を呼ばないと。ただ「やあ、こんにちは」と言うだけだと。私はさらに尋ねました。「そうした私の迎え方にたいして、あなたはどう感じますか？」彼女の答えはこうでした。「ばかばかしく聞こえるかもしれないですが、先生は毎回私の名前を思い出せないんだなと思います」。しばらく私は途方にくれました。もちろん私は彼女の名前が思い出せなかったのではないですし、彼女がそんなふうに感じているとは、考えたことさえなかったからです。その後間もなく、彼女の自己軽視的な感情の源泉を探っていくにあたり、この話し合いは非常に役に立ちました。彼女のそうした感情の大半は、友人や家族との係わり合いのなかで屈辱的な経験をしたことに原因があるとわかったのです。

どんな人の人生にも、あきらかに心理的に重要で、治療者が一度聴いたら簡単に忘れることの許されない最重要のできごとが存在するものです。たとえば、子ども時代に三年間孤児院で過ごしたとか、母親が自殺したといったことを患者が明かした場合、そうした事実は治療者の記憶に刻み込まれなくてはなりません。繰り返しになりますが、そうした情緒的に重大で刺激的な情報を、治療者がぼんやりとしか覚えていなかったり、ほかのことがらと混同するようなことが頻繁に起こる場合、治療者は、その原因をよく探る必要があります。

15 心理療法ではユーモアが役に立つのか

その人物のユーモア・センスがどの程度のものか、活性化しているかは、情緒面での嵐を切り抜けられるかどうかの決定要因です。ユーモア・センスがあると、危機にあっても、自分の問題から情緒的にいくらか距離をとることができ、展望が開けます。苦痛に満ちた情緒的経験があわせもつコミカルで不条理な面に光を当てることで、気分転換できたり希望をもてたりすることは少なくありません。ときには、控えめに羽目をはずすだけでも、重苦しさから救われることがあります。こうした理由から、心理療法家はつねに、患者のユーモア・センスの質はどうか、どれくらいあるかに興味をもっています。困難な状況にある人にとって、ウィットに富んでいることは間違いなく価値をもちますが、だからといってユーモアの余地に欠けた患者が心理療法に向かないと考える必要はありません。そうした患者も、自身のパーソナリティのなかに多くの別の強みをもっているはずですから、それによって心理療法を効果的に利用できるでしょう。全体的に見れば、治療者自身が少なくともまずまずのユーモア・センスをもっていることのほうが、治療の成功のためにはより重要だと思われます。

治療者がジョークや逸話語りが得意ならその才能は重宝かもしれませんが、ジョークの達人や巧みなストーリーテラーであることがとりわけ大事なのではありません。もっと本質的なのは、適切なときに（つまり、患者の困難にたいして比較的軽やかなコメントをするほうが、問題をあまり悲劇的にとらえたくない患者のオープンな気持ちとうまく合致するときに）、患者の個人的経験のなかにあるユーモラスで不条理な要素を見つけ出す力を、治療者がもっていることなのです。そのため治療者は、患者の現在のストレス・レベルと問題へののめり込み具合からして、タイミングはもちろん、どの程度までユーモアをとおして患者に近づけるかということも注意深く検討する必要があります。こうした考慮が足りないと、患者にたいしてまったく鈍感だとか、侮辱的だと責められても仕方ありません。おそらく、次の例が、この点をうまく説明してくれるでしょう（正直なところ、めったなことでは起こりえない話ですが）。

数年前、私が働いていた心理療法クリニックでは、複雑で非効率的な請求システムを採用していました（この時代遅れのシステムは、最後には改善されコンピューター化されましたが）。各患者の名前に、クリニックのファイルに登録されている七ケタのコード・ナンバーが割り当てられ、治療方法（もちろん、心理療法の）にもまた、ある医療処方集に基づいた七ケタのコード・ナンバーが付与されていました。各心理療法家はこうしたコード・ナンバーで請求フォームを埋め、各患者にたいして請求を行うことになっていました。記入済みのフォームは地域の銀行に送られ、完全に機密保持された状態でコンピューター処理され、直接、患者宛てに請求書が送られました。

このころ、二二歳の看護学校の大学院生が、クリニックで心理療法を受け始めました。この患者は重い抑うつと引っ込み思案に悩んでいました。彼女はひどく自信のない様子で、話すときはいつも怯えたように見え、中断されることのない憂うつ状態にありました。治療を始めて二か月が過ぎようとしたころ、各週の請求フォームを埋めようと準備していたとき、私はついうっかり、患者の名前を示すコード・ナンバーと、彼女が受けた療法を示すコード・ナンバーとを入れ替えてしまいました。つまり、一週間分として請求書に打ち出された療法名は、彼女が実際に受けた療法のコード・ナンバーではなく、彼女の名前に付与されたコード・ナンバーによって（処方集に載っているとおりに）間違って決められてしまったのです。

結果として、患者はすぐに次のような請求書を受け取ることになりました。一週目、心理療法。二週目、心理療法。三週目、心理療法。そして四週目だけはまったく違っていました。実に信じがたい話ですが、患者が請求された診療内容は、「陰嚢切除術（陰嚢の一部を切断する手術）」でした。そうした尋常でない診療内容を記載した請求書の写しがクリニックに返送されてきたのを見た私は、最初、肝をつぶしました。私の記憶が確かならば、こんな難度の高い手術を患者に施した覚えはいっさいありません。続いて、私は怖くなってきました。彼女がこの間違いを、非常に悪趣味なジョークか、あるいは、私のぶざまなバカさ加減を示すものだと思うだろうと（まさにそのとおりなのですが）。しかし間もなく、このありえない混乱は、むしろ間違いというもののもつ喜劇的な面だという気がしてきました。患者のほうも、彼女の幻の陰嚢にたいして行われた手術料金を私が請求したことに、ばかばかしいユーモアを見出してくれるのではと期待しました。私たちふたりともがこのばかげた事態を共有すれば、より大きな対話が生まれ、彼女の抑うつも少しはやわらぐだろうと思ったのです。

しかし、そうは問屋が卸しませんでした。私が次に彼女に会ったとき、彼女は、請求書に記載されていた奇妙なものについて、いっさい触れませんでした。私は、なんらかの事情で彼女が請求書を受け取っていないか、あるいはよく見ていないのかと思い始め、ついに好奇心を抑えきれなくなり、彼女に請求書を受け取ったかどうか尋ねました。ためらいながら、彼女は「受け取りました」と答えましたが、それ以上はなにも言わないのです。「請求書に変なことばが載っているのに気づきましたか？」と私はくすくす笑いながら尋ねました。しかし彼女は、にべもなく、そして、少々不快感を示しながら、「すぐ気づきました」と答えました。「あれを見たときどう思いましたか？」と私が尋ねると、彼女は素っ気なく続けました。「そうですね……どなたかが間違われたんだなと思いました」。そして突然、話題を変えてしまったのです。私は、これ以上深追いするのは得策ではないと感じました。間違いなく、このできごとのもつばかばかしいユーモアも、この抑うつ的な患者にとっては治療的な価値をいっさいもたなかったのです。

この例からわかるのは、たとえあることばやできごとを非常に面白いと治療者が感じても、患者とともに冗談を交わせる絶好の機会だと考えてはいけないということです。治療者は注意深く、いくつかの要素を検討する必要があります。患者独自のユーモア感覚、患者をからかう場合のユーモアの使い方とタイミング、そして、おそらくもっと重要なのは、治療者が患者のその時点の情緒状態を判断するかぎり、どの程度までユーモアまじりの態度を受け入れられそうかということでしょう。

ここで、私の行った実際の面接で、ユーモアがいかに意味のある前向きな役割を果たしたかという例をいくつかご紹介したいと思います。「セックスは恐ろしいもの」とされほとんど話題にのぼらない家庭で育ったある若者は、女性に性的に魅かれると、苦痛を伴う居心地の悪さを感じることが頻繁にありました。こうした性的な困惑をどうにかしようとした彼は、女性に強い欲望を感じていること自体を否定しがちでした。ある女性との恋愛が不調に終わった直後の面接で、彼は言いました。「もうぼくには女性は必要ありません。目の前に、ラクウェル・ウェルチが一糸まとわず立っていても、その気にならないでしょう(訳注1)」。それを聞いて私は軽くからかいました。「本気ですか？　ラクエル・ウェルチですよ？」彼の表情はぐっと晴れやかになり、訳知り顔の笑顔を見せて認めました。「うーん、ラクウェル・ウェルチにはやっぱりそそられるかな……」。この、笑いを誘う他愛ないひやかしのおかげで、彼のことばがまとっていた防衛的な覆いが取り去られ、異性にたいする苦痛に満ちた態度のわけを探る段階へと私たちは進むことができたのです。

別の例を挙げましょう。ある二五歳のゲイの男性は、母親のパーソナリティ特徴について話し終えたところでした。彼の指摘によれば、情緒的ながさつさ、肉体的な勇ましさ、厳しい態度、人間の諸問題にたいする直感に頼らない知的な対処法といった母親の特徴の多くは、女性的というよりむしろ

（訳注1）　Raquel Welch（1940-）。米国の女優。映画『ミクロの決死圏』で注目されるようになり、『恐竜１００万年』ではビキニのようなコスチュームを着た原始人を演じて「二〇世紀最高のグラマー」と称された。

男性的なものだといいます。そこで私は言いました――「そうした特徴は、あなたがもっとも魅力的だと感じる男性を説明することばのように聞こえるのは非常に興味深いですね」。患者はしばらく考えて、それから、歌い出しました。「ぼくはいい男に出会いたい。そう、ちょうど大好きな父さんと結婚した人物のような、いい男に」(訳注2)。患者の陽気なウィットのおかげで私たちは大笑いしました。そうでもしなければ限られた価値しかもたなかったことがらに、彼のユーモアが風穴を開けたのです。

よそよそしく批判的な両親に育てられた五五歳の女性の例もあります。彼女は、私と話す際、ひどく気取った調子を崩してはいけないと感じているらしいことがたまにありました。ある面接時、彼女は義理の息子のことを話題にしました。孫の父親として、まったく認めることのできない存在の息子でした。患者は彼の行動にたいして非常に批判的で、父親としてのいたらなさを数え上げたあと、次のような演説で締めくくりました。「あの人はもっと子どもの父親として自覚をもつべきなんですよ。彼が手を貸したからこそ子どもが生まれたんですからね」。ひと呼吸おいて、私は言いました。「まあ、彼が貸したのは**手**ではなかったと思いますけどね」。患者は腹の底から笑い、自分も、言った直後にまったく同じことを思った、と言いました。このような気軽なやりとりを重ねたおかげで、患者はより自由に、子どものころには「ノー！」と言われていた類《たぐい》の考えを口にできるようになりました。

こんな例もあります。コミュニティカレッジに通う、極度に気難しくカッとなりやすい学生は、友人たちからたいてい、けんか腰で威嚇的なタイプの人間だと思われていました。この人物は治療に来たり来なかったりでしたが、来るのはほとんど、彼の敵対的なふるまいが原因で大学内でトラブルになり、事務スタッフから注意を受けたり厳しく叱責されたりしたあとでした。この痛ましい青年は、自分の気分やふるまいをコントロールすることがほとんどできなかったので、学内でのトラブルが招いたこの窮状に関しては、きわめて注意が必要だと私は考えました。面接のあいだ、彼はずっと、自分の人格がいかに侵害されたと感じたかについて長々と怒鳴り散らしていました。私のことはかなり信用してくれているように見えたのですが、彼の問題にたいして私の考えを話す機会をほとんど与えてくれません。怒りと落ち込みでいっぱいの彼の気分をガス抜きしようとか、軽くしようという私の思いなど、ほとんど受け付けなかったのです。

面接も終わりかけたころ、彼はプリプリしながらこう主張しました――「だれもぼくの知性にたいして敬意を示さないし、ぼくの学問的達成を認めない」と。彼は地質学専攻の、非常に優秀な学生だったのです。彼の不満を聞いた私は、尋ねました。「もし私が『That's《ザッツ》 gneiss《ナイス》〔それは立派だね〕』と言ったら、地質学専攻のきみとしてはどう答える？（gneiss〔片麻岩〕はnice〔立派な〕の異形同音異義語）」。彼は相好を崩して（いままで見たこともない表情で）、明るく言いました。「『gee《ジー》〔ああ、なるほど〕。』と答えるかな。これは気の利いたジョークだね。gneissはg（ジー）で始まるからね」。私たちはふたりで大笑いし、そのあとは、いままでにはなかった親密さを共有しました。どんな手段を

（訳注2）一九一一年に米国でリリースされ、のちにアル・ジョルスンが歌って有名になった歌 "I Want a Girl Just Like the Girl Who Married Dear Old Dad（大好きな父さんと結婚したような女の子と出会いたい）" をもじったもの。

使ってもやわらげることのできなかった彼の気分は、ユーモアが届いたあと、上向き始めたのです。

別の例も挙げましょう。非常に内気で引っ込み思案の、あまり友達もいない男性のケースです。彼は、他者、とりわけ初対面の人と関わるのがひどく苦手でした。「世間話をするのがほんとうに下手だし、世間話をすること自体になんの意味があるのかわからない」というのが彼の説明でした。社交的な集まりでは、ぼんやりとした幽霊のような存在になりがちでした。

そんな彼が、何日かのらりくらりと返事を引き延ばした末に、あるパーティへの招待に応じました。そしてパーティの数日後、「周りはほとんど知らない人ばかりだったのに、びっくりするぐらい楽しい夜でした」と話してくれたのです。私は尋ねました。「そんなに楽しかったなんて、いったいなにがあったんですか?」彼によると、とにもかくにも、彼が言ったジョークがものすごく受けたというのです。私は非常に心を奪われました。というのも、治療では彼がジョークを言うのを聞いたことなどなかったからです。たしかに鋭いウィットに富んでいるときもありましたが、ジョークのセンスがどれほどのものなのか、たいへん興味をそそられました。そこで私は、差支えなければそのジョークを聞いてみたいと頼んだのです。

それは、最後に的外れなオチで締めくくられるタイプの長話ジョークでした。内容自体も非常に面白かったのですが、もっと重要なのは、いままで見たこともない患者の顔を発見できたことです。彼はあまりに自分を卑下しすぎていると思ったことはありましたが、その複雑な作り話をした際に見せたとびきりの魅力と情熱は、それまで私が感じたことのないものでした。そうした愛嬌たっぷりの部分があるのですから、少し勇気を出して機会をとらえさえすれば、この少々変わった人物も、親密な友情を育めるに違いないのです。

また、この患者が私にジョークを披露する気になってくれたことも、象徴的行為として重要だと言えます。人のユーモアやウィットのセンスは、その人物がおもに関心をもち、気にかけ、面白いと思う対象を表しています。自分が面白いと思うことを私と共有してもいいと考えてくれたのは、非常に個人的な部分を私に差し出してくれたということです。彼が、私とのあいだにより親密なつながりをもとうとしていることを、知らせてくれたのです。

最後の例は、本章のテーマを言い尽くしたものと言えます。図書館司書として働く三五歳のゲイの男性は、長く続いた恋愛関係が終わってしまった直後、危機に陥って私のもとを訪れました。最初、彼は自分の悲しみについて私に話したいと強く思ういっぽうで、私がゲイの人間関係を軽蔑してとらえるだろうという気持ちを、打ち消すことができませんでした。異性愛者が相手と別れるときに感じるものと比べれば、彼の嘆きの反応は軽いだろうと、私が彼の悲しみの深さを低く見るだろうと考えていたのです。

最初の面接では、彼は苛立ち、挑戦的な態度を見せました。「さあ、これまでのことをすべてお話しする前に、教えてください。先生は同性愛者をどう思っているんですか?」正直なところ、そうした非難めいた挑戦にたいしてどう答えればいいか、しばらくのあいだ私にはわかりませんでした。しかし気を取り直して言いました。「そうですね。私が同性愛者にたいして感じることは、ユダヤ人に関してどう思うかと聞かれたときのマーク・トウェイン(訳注3)と同じようなものかと思いますよ。彼は、ユダヤ人もほかの皆と同じ人間だと言いました。そして、特別悪いことを想像することができませんでした」。

その患者はあっけなく笑い、敵意の鎧をおろして、恋人とのあいだに起きた最近の困難な状況についてすぐに話し始めました。トウェインを引用したのはとっさのことでしたが、以前から気に入っていたことばでした。要するに、どんなグループに属する人間も中傷されるべきではないし、さらに言えば、ほかと違うことによって英雄視されるべきでもない……と語っているからです。結局のところ、その患者が私の引用をきちんと解釈してくれればというのが私の思いでした。おそらくもっとも効果的だったのは、彼が仕掛けてきたことばによる一騎打ちにたいして、怒りとか、同性愛者の窮状や権利にたいする謝罪のことばで私が応戦したのではなく、図書館司書の彼ならその人間的価値をよく知るところだった、偉大で憐れみ深い作家のユーモラスな引用で反応した熱意だったのでしょう。

このように、心理療法ではユーモアが強力で前向きな力となりえます。ただそれは、治療者と患者の関係が、ユーモアを思慮分別をもって利用できる場合にかぎられるのです。


（訳注3） Mark Twain（1835-1910）。米国の作家。『ハックルベリー・フィンの冒険』『トム・ソーヤーの冒険』などが有名。

16 心理療法家には お気に入りのクライエントがいるのか

治療者はときに、ヤビスという妙な名前で呼ばれるタイプの患者をひいきにすると言われます。ヤビス（YAVIS）とは、「若くて（Young）、魅力的で（Attractive）、ことば豊富で（Verbal）、知性的で（Intelligent）、成功している（Successful）人」を表すことばです。こうした前向きなパーソナリティ特徴は、心理療法を成功させるために備えているべき魅惑的な必要条件だと考えられていますが、もちろん、なんの根拠もありません。

たしかに、特定の患者にたいして治療者が好意を感じることはあります。そうした好意の理由はさまざまで、複雑です。話し慣れていて、治療者をうっとりさせる患者もいるでしょう。心理療法をとおして、はっきりとした心理的進歩を見せる患者もいるでしょう。治療者は、自分の努力が称賛に値すると感じて個人的な満足を得られますし、こうした「優秀な」患者にたいして、感謝と特別な好意を抱くでしょう。また、治療者の個人的・職業的資質をおだてたりほめそやしたりする患者もいるかもしれませんし、とりわけうぬぼれの強い治療者だと、そうした患者を気に入る可能性もあります。

つまり、治療者がほかの患者に比べて一部の患者を好きになるとき、たいてい、その患者は**治療者**の情緒的なニーズを満たしますが、必ずしも患者自身のニーズが満たされるわけではないのです。このため、特定の患者を好きだったり嫌いだったりする治療者は、みずからの個人的偏見を精査して、職業的客観性を適切なレベルに回復する必要があります。

治療者が患者を手助けするには、患者にたいしておおむね前向きな感情をもつことが大切であり、ほとんどの場合、それはけっして到達不能の目標ではありません。治療者ならだれも、患者にたいする敵意や不快感に襲われることがあるものですが、こうした感情を抱いたからといって驚いたり落胆したりする必要はないのです。むしろそうした感情は、患者についてなにか重要なことを知るために、治療者の進むべき道を照らしてくれるかがり火となりえます。もし治療者が、患者にたいする嫌悪や腹立ちを自覚したなら、それは患者の特定の行動や感情表現によって起こされている可能性が大きいと言えます。治療者は、自分の情緒反応を興味深いことがらとして利用し、無視、恐怖、敵意、疑いといった方法で患者が治療者に相対しているのではないかと考えてみます。さらに、患者の心がどう作用しているかを知るための手がかりとして自分の情緒反応を利用し、その作業をとおして、患者が自己洞察を得るのを手助けします。つまり治療者は、反応的な怒りや復讐心といった報復的な態度を完全に避け、できるかぎり、患者と自分自身の恐怖と敵意を回復的探索へと変化させ、理解につなげます。こうして治療者は、このうえなく敵対的・反抗的な患者にたいしても、「嫌いになりたい」というあらゆる誘惑から身を護り抵抗するのです。

つまり、治療者も（後ろ向き・前向き双方の）感情をもつ人間ですが、訓練や自制心を用い、自身の情緒反応が患者について教えてくれることをとおして、患者を理解するのです。

ついうっかりとお気に入りの患者が「できてしまう」のは、新米治療者にはよくあることです。えこひいきは、ひいきされる患者にとっては仇《あだ》となることが多く、それは、治療者の友好的すぎる態度がその客観性に影響を与えてしまうからです。それに、感受性の強い患者はすぐ、「治療の際に極端なひいき扱いを受けるなら、自分も治療者を特別扱いしてお返ししなくては」という必要性を無言のうちに感じ取るでしょう。つまり、「治療者にたいして素っ気ない態度をとったり、非協力的な態度をとるのは慎むべき」だと感じるのです。いかなる患者もこうした義務感に耐えるべきでないのはあきらかです。

たしかに、治療者が適切性と客観性を損なうおもな理由のひとつに、逆転移（countertransference）として知られる現象があります。この状況にある治療者は、自分が幼かったころに影響力のあった人物にたいするように患者に反応します。治療者の情緒反応が激しいほど、そして、患者が実際にその人物に似ているほど、逆転移反応が起きる可能性は高まります。

たとえば、親がアルコール依存症だった治療者は、そうでない治療者に比べて、アルコール依存患者にたいして不合理な反応を示しがちです。同様に、ひどく抑うつ的な親に育てられた治療者は、抑うつ的な患者にたいして異常に強い情緒反応を示す可能性が高まります。特定のパーソナリティをもつかどうかに関係なく、どの患者にたいしても治療者がこうした反応を示す場合は、あきらかに問題はより深刻です。

逆転移反応への対処や克服にとりわけ苦労するのは、たいてい経験の浅い治療者です。職業的経験や自己認識、自制心を蓄えるにつれ、治療者はこうした不合理な反応をうまくコントロールできるようになり、また、効果的に利用して、患者を理解できるようになります。たとえば、抑うつ的な患者に反応して、治療者が気落ちして希望を感じられないなら、治療者自身のその反応を利用して、なぜ、そして、どんなときに、患者は他者によって希望を奪われ、意気消沈するものかを知ることができます。こうした理解ができれば、逆転移反応を打ち消して矯正し、患者自身の情緒的葛藤をよりはっきりと把握でき、治療者は患者を支えられるようになるのです。

患者にたいして前向きな感情をもち、それをしっかりと維持するのに、治療者があまりに苦労を感じるようではよくありません。治療者が患者にたいしてもつ関心・尊敬・好意は無条件のもので、患者には、尊厳と測り知れない可能性とがあるという事実のみに基づく態度です。患者は、治療者から関心と尊敬とをはらわれる権利があります。患者が治療者から受ける尊重・尊敬は、勝ち取ったり、苦心の末に手に入れるものではなく、人間が基本的に有する資格であり、権利なのです。

大半の治療者は、患者のことをより深く詳細に知り、理解するにつれて、きわめて自然に患者を好きになり尊敬するようになることに気づきます。ときには治療者も、患者にたいする尊敬に満ちた好意的な態度を見失うことがあるかもしれませんが、結果的に両者のあいだに生まれる堅く親密な同盟のおかげで、患者にたいして好悪感情をもつ必要を感じなくなるでしょう。こうした、治療に関するきわめて普遍的な原理に基づいて仕事をすることで、ほんとうに優秀な治療者は、ヤビスはもちろん、若くなく、魅力的でなく、口があまり達者でなく、たいして知的でなく、あまり成功していない人たちも含めた、幅広いさまざまな人たちにたいして、熱意をもって関わり、成果を挙げることができるでしょう。

しかしながら、患者と治療者がひどく合わない場合もあることは認める必要があります。どういうわけか、互いのパーソナリティの相性が原因で、両者ともに感情的に強い緊張を感じ、治療が維持できない状況になります。こうした場合、治療者は必ず、その患者とうまくいきそうな別の治療者に紹介することを検討すべきです。そして、治療がうまくいかなかったのは患者のせいではなく、残念ながらふたりの相性がよくなかったせいだとはっきり示すよう心がけるべきです。

17 心理療法のことをだれかに話してはいけないのか

自分の受けた心理療法についてだれかに話そうかと考えている人は、慎重になったほうがいいでしょう。注意深さが必要な理由は、いくつかあります。

いま生きているこの世界は、メンタル・ヘルスに関する理解や耐性という意味では、開かれた時代だと信じたい――私たちのほとんどはそう思っていますが、残念ながら、現実は違います。心理療法やそれを受ける患者にたいして、私たちの社会には誤解や偏見、真っ赤なウソなどが広く蔓延しているのです。たとえば、心理療法は、頭のおかしい人間のための治療だという誤った認識が存在しています。あるいは、同じく間違った考え方として、心理療法を受ける人間は弱くて、世の中でどうにかやっていくために、人工的で卑しむべき「松葉杖」によりかかっている情けない存在だと考える人もいます。

さらに、心理療法の利用にたいしては、家族からもまた別の汚名を着せられることが次の忠告にも表れています――「他人より身内。私的なことがらは、家族のなかだけに留めておくべき。赤の他人と話し合うなんて不名誉なこと」。つまりこの格言によれば、家族の暗い秘密をばらそうとする人間は、恥と罪に打ちのめされるのです。

私たちの社会において、心理療法というテーマを取り巻く偏った考えや根拠のない神話がいかにひどいものかを考えれば、患者が、自分の心理療法の経験を他者にたいして語る際に用心深くなるのは当然です。心理療法を受けていることは、本人の今後の職業人生に利するところありと考えて雇ってくれる人もいるかもしれませんが、いっぽうで、心理的援助を必要とする人間を雇うなど、業界や商売には聞こえが悪く不都合だという、偏った見方をする者もいるのです。

友人や知人は、心理療法は魅力的でそれ自体に価値のある試みだと考え、心理療法を利用する良識のある人物を称賛するかもしれません。そのいっぽうで、個人的な問題について友人にアドバイスを求めずに、治療者のもとに相談に行く人間を、批判したり村八分にすることで軽蔑的な態度や無神経さを示す者もいるかもしれません。

心理療法を受ける患者の多くは、その事実を家族や親戚に話すのがいかに厄介で難しいかに気づくことになります。家族、とりわけ両親は、どういうわけか、**我が過失なり**(「私たちはどこで間違ってしまったんだろう」)という態度をとり、このなりゆきを嘆き悲しむかもしれません。子どもが「負傷した」のは、子育てにおいて自分たちがたいへんな間違いを犯したからで、心理療法を受けているという事実がそれを示している……と考えるのでしょう。息子や娘が治療を受けようと決心したのは、自分たちへの非難だと考える可能性さえあります。さらに、自分たちの子どもが助けを求めて他者のもとに向かったことで、嫉妬や所有欲という感情が生まれるかもしれません。結果として、子どもにたいするコントロールや影響力を取り戻したいという哀れな思いから、治療や治療者の仮面を剝ぐ手段に出る場合もあります（「あなたの治療者は、私たちほどあなたのことを大事に思ってなんかないわ。お金が目的なのよ。それよりも、私たちにアドバイスや助けを求めるほうがいいじゃないの？」）。

子どもが心理療法を受けるのを両親が毛嫌いすることを示すこうした反応は、残念ながら、「治療を受けるのはほんとうに賢明なことだと思うわ。あなたが精神的にそんなにストレスを感じているならなおさらね。役に立つといいわね」というような、前向きで、勇気づけるような反応に比べればずっとふつうなのです。

両親、親戚、友人、雇用主が、個人の心理療法体験にたいして示す反応は、きわめて多岐にわたり想像を超えているため、詳細な情報を打ち明ける前に、そうした人たちの感覚を事前に知っておくほうがいいように思えます。こうした選択的なアプローチをとることで、心理療法を受けている患者が他者との関係において落胆したり苦しんだりするのを避けられるでしょう。

心理療法を受けている患者とその友人、親戚、同僚とのあいだに存在する誤解は、しばしば、心理療法というものそれ自体の根源的な性質から生まれ、それを映し出しています。心理療法とは、その本質において、つねに変化する膨大な情緒的ニュアンスや機微をもつ、非常に複雑で人間的な経験です。そうしたニュアンスや機微の多くは、心理療法の経験のない人には、ほぼ理解不能なのです。治療は価値あるもので、そのときどきで治療者のことを好きにも嫌いにもなり、面接によっては、非常に感情が揺さぶられ、高揚することもある――その要因となる、多くの曖昧な感情を十分に表現する方法を見つけるには、どうすればいいのでしょうか。

この作業の途方もなさは、神々しいほどの日没を見てぞくぞくした経験を、他者に――とりわけ、それを見たことがない人に――ことばで説明しようという至難の挑戦に匹敵するかもしれません。このすばらしい自然現象に刺激されて生まれる多くの比類ない感情や印象に加え、夕日の見せる無数の表情や姿、つねに変わり続ける輝きといったものを、どうすればことばで再現できるでしょうか。偉大なる博物学者や文豪ならば、そうした言語的離れ技を見せることも可能かもしれませんが、私たちのほとんどにとって、夕日にたいして感じる非常に細かな衝撃や感情をことばにするのはきわめて難しいでしょう。心理療法についても、しばしば同じことが言えるのです。多くの点で、心理療法は、人間の経験に関するもっとも微妙で、複雑で、核心をついたもののひとつなので、この経験を適切に他者に伝えるのは、大半の心理療法患者にとって、不可能ではないにしても非常にストレスフルに感じられるのは至極当然でしょう。

心理療法を経験したことのない者が、この「不可解きわまりない」人間の出会いを十分に解せないことがあるのも、同じ理由によるのです。そうした人たちは、心理療法についてあれこれ耳にするせいで混乱や不安を感じ、おせっかいなアドバイスをしたり、たいして相手のことを知りもしないのに、乏しい知識で役に立つ意見を言おうとする傾向があるかもしれません。このため、両者のあいだには混乱と緊張が生まれ、これさえなければいい関係だったふたりが、仲たがいしてしまうこともあるのです。

患者が心理療法について他者と話すことに慎重になるべき理由はほかにもあります。すでに示したように、心理療法はふつう、患者に強力な情緒反応を引き起こします。こうした反応の多くは、その日の治療面接が終わったあとも間違いなくずっと患者のなかに残り続けます。情緒的苦痛が非常におそらく圧倒的になるときもあり、自分の苦しみの原因がなんなのか患者が十分に理解できていない場合はなおさらです。あまりの激しさのため、興奮が冷めるのをゆっくり待てなかったり、待つ気にならないこともあります。次に治療者に会うまで葛藤の解決を先延ばしにするより、他者に向かって気持ちを吐き出し、平安と励ましを得ようとするかもしれないのです。

こうして助けを求めるのが有益なときもあります。おかげで、強烈な感情を抑えられる場合もあるでしょう。しかし、いまから述べるような理由で、問題の起こる可能性も秘めているのです。患者に引き起こされたもっとも強力な感情の多くは、治療者にたいして直接反応したものです。たとえば患者は、治療者にたいして強い愛着または突き刺すような敵意を感じ、激しい恐怖を感じているのかもしれません。なぜ自分はこんなふうに反応しているのか、どうするべきかといった考えはぼんやりとさえ浮かばないのです。治療者にたいして抱くこうした感情について、直接治療者に話すほどまだ打ち解けていない場合、患者は、自分の友人や教師、同僚など、ほかの「もっと安全な」知人にその問題を持ち込むかもしれません。この心理的迂回は、専門用語では「転移の分裂（splitting the transference）」または「転移の弱体化（diluting the transference）」と呼ばれます。つまり患者は、自分のなかでコロコロと変わる治療者への感情と闘っているため、治療者以外の人間との会話や行動をとおして発散することで、そうした感情をやわらげ、勢いをそごうとするのです。

こうした対処方法は不利益を生みます。ほかの人間と話すことで、患者が治療者にたいする感情をやわらげるたびに、その問題を治療者のもとに直接もっていく機会は反比例的に減じることがあるからです。ふつうは、そうした感情を、患者みずから極力掘り下げ理解することこそ治療の成功にとって大事なので、この目的から患者を遠ざけるものはすなわち、心理療法の邪魔になるのです。ですから、みずからの心理療法について他者に話すことで、微妙な問題を治療者のもとに持ち込まずに済むのだと患者が気づいた場合は——きっと気づくでしょう——それについて治療者と率直に話すことこそ患者の利益となるのです。患者が問題に直面せず逃げを打とうとするのは珍しくなく、治療者にとっては想定範囲内のことです。患者との率直な話し合いをつうじて、患者がみずからの不安——治療で不必要にまわりくどくなったり、治療者の注意を逸らそうとする原因となる不安——を理解し克服するのを手伝うことができるでしょう。

要するに、患者が心理療法について他者と話すのは、いかなる場合も絶対に好ましくないわけではありませんが、そうした行動を起こす前に、職業的・社会的・心理的な意味でどんな結果が想定されるのかを真剣に検討したほうがいいでしょう。

18 夢には重要な意味があるのか

夢は無意識を知るための「王道」である――ジークムント・フロイトがそう述べたのには、もっともな理由がありました。夢の内容はたいてい脈絡がなく、奇妙で理解不能ですが、その人間を知るうえで非常に価値ある情報源となるものです。

たとえば夢は、心の奥底に沈む感情を蓄えた、無限の貯蔵庫だと言えます。起きているあいだ、私たちは感情の多くの部分に心理的な検閲を加え、不都合な部分を削除しています。しかしいくら意識から取り除いても、抑圧されたその深く激しい感情が蒸気のように消えてなくなることはないのです。私たちが否定し、意識から追い払ったはずのそうした感情は、無意識のもとへと姿をくらますのです。

夢は無意識の姿を映し出す窓です。したがって、覚醒時にはどうしても認めることのできなかった感情が、夢に現れます。たとえば、「どんなにひどい扱いを受けても、まったく腹など立たない」と断言する人は実に多く、自信たっぷりで、一片の疑いもない口ぶりでそう言います。怒りや敵意といった感情のすべてを排除した、ある種の平安状態の存在を信じ、追い求めているのです。しかし、そうした人たちの多くが、暴力的でむごたらしい夢のせいで不眠に苦しんでいるのはなぜでしょうか。そう、人間なら当然抱く怒りの感情（ひいては他のあらゆる感情）を自分に禁じれば、別の場所がそれを引き受けざるをえないのです。すでに述べたとおり、その「別の場所」とは無意識であり、この場合は夢なのです。不眠に悩むこの患者には、日中、感じること自体を否定している感情があります。暴力的な悪夢は、夜ごとそうした感情の存在を報告しているのです。

心理療法における夢の利用法や役割を論じる前に、以下の五つの点をしっかり確認しておきましょう。

1　夢を見る頻度は、だれでもほぼ同じです。寝ているあいだ、私たちの心は、もうひとりの自分の存在に気づくことになります。私たちの思考、身体感覚、感情は、夜が更けたからといって眠りはしないからです。「夢なんていっさい見ない」ときっぱり言い切る人たちも多いですが、寝ているあいだに数々の夢がすばしこく通り過ぎていったのを覚えていないだけ、と考えるほうが正しいでしょう。たいていい、きわめて多くの夢は簡単に忘れられてしまいます。ときには、あまりにきれいさっぱり忘れてしまうので、まったく夢を見なかったと思い込みます。その結果、内容をはっきり覚えているときだけ、夢を見たと感じることになるのです。いっぽう、見た夢を覚えていて、そこから学ぶことにあきらかに熟達している人たちもいます。

2　すでに述べたように、夢は、深層の感情を知るための豊かな情報源ですが、週に一度の心理療法で中心的な役割を担うことはまずありません。もちろんこれは、患者にもよります。たとえば、自分の夢に一体感をもちにくい患者もいて、その場合、夢とは別の、より重要な感情領域を探っていく方法のほうがうまくいきます。逆に、たとえ週に一度たらずの治療でも、見た夢を鮮やかに再現でき、建設的に解釈する能力に長けた患者もいます。妙な話ですがあえて付け加えると、自覚を深めるのとは別の目的で、心理療法に夢を取り入れようとする患者もいます。そうすることで、自分の現実生活を直視しないようにするためです。

精神分析や他の形式の心理療法において週に複数回の面接を行う場合、夢はふつう、非常に重要かつ有効な役割を果たします。週に一度の治療に比べ、無意識の深層レベルまで到達する傾向が強いからです。また、ユング派の治療者のように、とりわけ夢を重視する治療者もいます。

3　夢には顕在内容（manifest content）と潜在内容（latent content）の二種類があります。顕在内容とは、夢を見る者（夢主）当人の心に映る夢の内容のことです。たとえば、かなり前に亡くなった人物が、夢には生きて登場することはよくあります。あるいは、複数の人間やモノがありえないやりとりをするような、現実を完全に無視した夢も珍しくありません。これもまた、夢の顕在内容です。

いっぽう、夢の潜在内容とは、夢がもつ象徴的で隠された意味です。たとえば、夢に現れる蛇は、実はペニスを象徴していることがあります。電球や、ゆるくなだらかな起伏の丘は、乳房を示しているのかもしれません。後戻りのできない暗く不吉な沼へと入り込んでいく夢は、差し迫った死を表している場合があり、「死への恐怖」こそが潜在内容です。顕在内容がいかに謎に満ちて難解に見えても、すべての夢には、顕在内容の下に横たわり、夢そのものを作動させる潜在内容が存在するのです。

4　夢に現れる象徴の多くはたいてい、だれもが認識できる普遍的なものです。しかしその象徴自体を十分に理解するには、夢主がそれにたいして抱いている特定の心理的連想を考慮する必要があります。たとえば、ある患者にとっては蛇は性的欲求を示すけれども、別の患者にとっては、悪辣な破壊行為にたいする恐怖を表している……といった具合です。それゆえ、夢の象徴がほんとうに意味することを見定めるには、夢主ひとりひとりの人生経験という文脈のなかで検討しなければいけません。だからこそ治療者は、夢の象徴の重要性について患者自身が自由に連想してみるように促します。これまで忘れていた思考や感情、個人的経験という観点から思いをめぐらせるのです。

5　ふつう人が夢を見るのは、自己の願望（筋道の通ったものもそうでないものも）の充足のため、あるいはそれを試みるためです。この願望充足（wish fulfillment）という夢の目的は、とくに子どもの場合は非常にわかりやすいものです。アイスクリーム屋の主人になったり、宇宙船のキャプテンになったりといった、幼い子どもの見る夢は、おいしい食べ物やワクワクする冒険を手にしたいという願望をそのまま表したものです。しかし、子ども時代を過ぎると、夢はより複雑に、難解になっていきます。

だからといって、自分の願望を充足させる手軽な手段としてのみ夢をとらえるのは、あまりに視野が狭いと言えます。夢は、私たちが起きているあいだに考えたり感じたりすることすべてを独特の方法で表現します。恐怖、苦悶、思考、喜び、希望、本能的な衝動、疑い、葛藤、不安、敵意、勝利感

——覚醒時に経験するこうしたあらゆる感情は、すべて夢のなかに現れます。夢の本質は、私たちの感情生活全体の圧縮（condensation）なのです。だからこそ、夢を真剣に研究すれば、間違いなく、自分自身や周囲の人たちを深く理解することができるのです。

ところで、夢が、いわゆる予言や予告であると示す証拠はいっさいありません。自分が今後行おうと考えていることの一部が夢に出てくることはありえますが、祭りの出し物の水晶占いと同じく、夢が未来を予言することはないのです。

ではここで、心理療法では夢をどう取り扱うかを見てみましょう。潔癖症で外面《そとづら》がよく、相手に歯向かうことを嫌うタイプの患者が「私は怒りという感情を『超越』しています」と言うとしましょう。心理療法家なら、それを鵜呑みにしてはいけません。怒りを「超越」できる人間などいないことを治療者は知っていますし、患者の非現実的な主張にたいして異議を唱え議論してみても、不毛な結果に終わるだろうこともわかっています。では、「自分は実は怒りを感じているし、それを表現してもいる」ことを患者に自覚させるにはどうすればいいでしょう。否定された怒りの感情に踏み込む一助となりえるのが、患者の見る夢です。「夢はたまに見ますが、夜ごとの心の移ろいがどうだというのでしょう」と言うその患者は、実は悪夢を見てはいないでしょうか。悪夢とまではいかなくても、不安を引き起こすわけのわからない夢はどうでしょうか。おそらく患者は、首を縦に振るでしょう。

この時点で、患者が夢の内容をいくつか話し出す場合もあります。私たちの仮想の患者は、いくぶん戸惑った様子で告白するでしょう――「つい先日は、上司を大型トラックで轢く夢を見ました」。患者はそう話しながら、取るに足らない夢だと一笑に付そうとします。「夢なんて、消化不良の肉片、辛子ひとつまみ、チーズひとかけ、生煮えのじゃがいものひとかけらみたいなもの」というわけです。夢の示す意味からあえて目を逸らそうと無謀な努力をした、愚かなエビニーザ・スクルージの不朽の名ゼリフです。（訳注1）

ここまでくれば、治療者は「あなたは上司のことをどう思っているのですか？」と尋ねることができます。怒りの感情は頑なに否定するかもしれませんが、治療者は、その夢の示す生々しく象徴的なことばを使って、「その夢にはほかに意味がある」ことをうまく伝えることが可能です。自分の感情によほど鈍感でないかぎり、早晩、患者は気がつくでしょう――自分の夢はみずからが作り出したもので、重要な目的をもっており、意識に入り込もうと奮闘している感情の存在を（たしかに曖昧でまわりくどいやり方ながらも）知らせてくれていることに。そして、夢の真価を認めるでしょう。このシンプルな例から、患者の自己理解を助けるために、治療者が夢を利用する方法と理由とがおわかりいただけたでしょう。

もうひとつ、私自身が施した心理療法の実践例も紹介しましょう。夢を利用することで、患者が自己の情緒的葛藤を理解し、それを解決する様子が表れています。ある若い女性患者には、私ともっと

（訳注1）エビニーザ・スクルージはディケンズ（Charles Dickens, 1812-70）作『クリスマス・キャロル』の吝嗇《りんしょく》な主人公。ここで紹介されるセリフは、彼が幽霊を目の前にして口にしたことば。

個人的な恋愛関係をもちたいというそぶりを見せる時期があり、それは何年ものあいだ周期的に現れていました。しかしたいていの場合、彼女は私へのそうした思いの原因と意味するところを自身ですぐに感じ取り、生来のユーモアとバランス感覚でとらえることができていました。

ところが、個人的な人間関係に問題が生じた一時期、彼女は私への思いをよりはっきりと、かつ性的なかたちで示すようになりました。自分の変化に気づかない彼女は結果として強い不安を抱え、ひどく興奮した様子で「こんな夢を見たんです」といきなり話し出しました。「小高い場所にいた私の目の前に、いきなりひとりの男が現れたんです。男が私をレイプしたがっていることがわかり、私は逃げ出しましたが、男は追ってきました。そしてすぐに、その強姦魔（the rapist）は私に追いつき、襲いかかってきたんです。その瞬間、ものすごい恐怖で飛び起きました」。

患者はしばらくのあいだ考えこんでから、この夢はどう説明できるのかと私に尋ねました。そこで私は、ごく軽い調子で聞いてみたのです。「強姦魔（The Rapist）」ということばを作っているふたつの単語をつなげるとどうなるでしょう？　すると患者は頬を赤らめて、震え声でつぶやきました――「治療者《セラピスト》（Therapist）」と。

このやりとりのすぐあと、彼女は率直に打ち明けてくれました。私との面接中に感じる不安がどんどん増し、私といると間違いなく落ち着かないことに自分でも気づいていたのだと。ただ、その不安が、私にたいする性的な思いから生まれていることまでは理解していませんでした。しかしその後、人間関係がうまくいかず私への依存が強まり、その結果として生まれた性的な感情で余計に不安が慕ったのだと、自力で思い至ることができました。この面接の直後に、私への恋愛感情が収まり、悪夢を見ることもなくなったのは、ある意味当然と言えます。この例が示すように、夢や夢の解釈によって、それまで無意識下で葛藤していた感情を理解し解決することができるのです。

19 転移とはなにか

心理的転移（psychological transference）というテーマは非常に複雑で、実際、かぎりなく奥深いものです。転移現象のみを主題にした記事や書籍も無数に書かれていますが、そのほとんどは、互いに対立した視点に立っています。転移を理解するために大量の知的・学問的エネルギーが注がれているという事実は、このテーマの複雑さと、心理療法という分野における中心的重要性を映しています。いまから私が行うような、心理療法における転移の意味と役割を解明しようという要約の試みは、結果として、その扱う範囲と深さにおいて不完全にならざるをえません。しかしながら、この興味深いテーマに関する私の議論があまりに見当違いのものにならないよう願うと同時に、読者の皆さんが十分に刺激され、心理的転移についてさらに深く追究してくだされればと思います。

大半の治療者は、転移について次のように説明するようです——「転移とは、治療者とのあいだに、自分の幼少時代に多くの点で重要な役割を果たした人物との間柄とよく似た関係を構築しようとする、患者の無意識的な傾向である」。これは、患者が治療者にたいして見せる感情・態度・ふるまい方の多くが、子どものころ大きな影響力をもっていた人物との関係において自分が見せた姿を鏡のように映し出していることを意味しています。言い換えれば、もともと子ども時代の経験によって目覚め形作られた欲動・恐怖・希望・信念・幻想・考え・行動スタイルが、治療者にたいして向けられる――つまり、転移されるということです（だから、転移と呼ばれるのです）。患者は自分の転移反応を自覚している場合もありますが、こうした反応のより深い意味までは意識していないのがふつうです。

心理療法で転移反応が起きるのはなぜでしょうか。治療者が子ども時代の重要人物であるかのように、患者が反応する理由はいくつかあります。第一に、転移反応は**あらゆる**人間関係に存在するものだからです。程度の差こそあれ、人間の社会的・職業的・恋愛的人間関係の質は、彼がかつて子ども時代に経験した、とりわけ情緒的な意味で彼にとって重要だった人物との関係の質によって決定されるでしょう。その結果、治療者にたいする感情の質も、少なくとも部分的には、患者が両親にたいして、兄弟にたいして、そして、他の過去の重要な人物にたいしてどう感じていたか……によって決定されるものだと考えるのは、きわめて論理的だと言えます。

ところが、転移反応はいくつかの理由から、心理療法においてとくに強くなる可能性があります。心理療法家は、専門的援助者という職業的役割のために、患者が情緒面で依存する権威的（親《おや》的）人物です。子どものように依存することで、患者には、治療者にたいする一連の激しい感情が生まれますが、その感情は、患者と治療者のあいだの現実の関係には不適切で不相応なものです。たとえば患者は、治療者が理由なく自分を罠にかけ操作するのではないかと疑いますが、そうした感情は治療者に向けられるにはふさわしくありません。それというのも、患者が幼く、圧倒的に他者に依存し傷つきやすかった時代の情緒反応に基づき、それを反映した感情だからです。そのほとんどは無意識的なので、患者が治療者にたいして抱く認知の客観性を歪める傾向があります。そのため、治療者に依存する感情が、長いこと埋まっていた子ども時代の感情——治療者の実際の個人的・職業的資質にはまったく対応しない感情——を思い出させるのです。

転移反応の第一の源泉は、治療を介する人間関係そのものが全体としてもつ性質です。静かで、秘密が厳守される護られた物理的状況のくくりのなかで、患者にたいして、批判的でなく、思いやり深く、共感的で、許容的な態度を一貫して維持することにより、治療者は、患者の感情の障害をすばやく取り除き、大事に保護するという治療的な雰囲気を作り上げます。こうしたプロセスが毎週続き深まるにつれ、患者は、治療者に近づこうという情緒面での意欲が高まっていくのを体験するはずです。その高まりにより、患者の（後ろ向き・前向き双方の）感情は治療者への態度に強力に影響を与え、最終的には、治療者がまったく所有していない、あるいは、所有しているとしても非常にわずかなレベルの性格や意図を、治療者にたいして付与することがあるのです。強力な感情や認知の大半は患者の子ども時代に源があるため、患者が治療者のものだと考える意図や性格は、自分の子ども時代に、情緒的にもっとも親密だった人々とのあいだに経験したことにより決定されるのは間違いないでしょう。そのため、治療者はしばしば、あきらかに自分にはない、あるいは、もちようのない個人的動機や資質によって、患者から信頼されたりあるいは不信感をもたれたりするのです。治療者が、患者のそうした不適切な反応に遭遇したときには、「自分は患者の過去の人物を表すようになったのかもしれない」という大きな可能性をある程度考慮する必要があります。治療において、この昔の「だれか」とは実際だれなのか、その人物が患者にたいしてもともとどんな影響を及ぼしたのか、という謎を解き明かすのはたいてい時間のかかる複雑な作業ですが、同時に、非常に価値あるものです。

次のような質問が出るかもしれません。心理療法では転移反応が引き出され、つまり、患者は治療者にたいする歪んだ認知をもたらされるとすると、それにより、治療の目的が妨害されるのではないでしょうか。なにより治療とは、人間関係に現実的な対処ができるよう手助けすべきものなのでは？　治療者が、治療面接において完全に、かつ積極的に、転移反応を回避したり抑圧したりすることで、患者から転移反応を取り除くことができるなら、それが一番なのかもしれません。あるいは、自分が**ほんとうは**どんな人間なのかを、個人的な経験や感情、動機なども含めて毎回の面接であきらかにすれば、患者の誤解を取り除いたり、正したりできるのではないでしょうか。

患者の転移反応にたいして、こうしたやり方をしてもたいていうまくいかないのは、次のような理由によります。第一に、**どんなやり方をしようと**転移反応を特別うまく取り除ける方法などないのです。さらに、両親や兄弟姉妹などにたいする幼いころのとらえ方によって、他者への認知が曇らされたり歪められたりすることがありますが、この些細ながらも強力な影響力には、だれもが一生をつうじて耐えなければいけないのです。転移反応は、パーソナリティを構成する永続的な様相のひとつなので、転移の回避や抑制を試みる治療者も、除去したり消し去ったりすることは不可能でしょう。万一できるとしても、そうした治療者はたいてい、患者が治療者を客観的にとらえようとする闘いを悪化させてしまいます。なぜなら、転移反応というものの存在を認識したうえで、当初自分は、治療者にたいして間違った認識をしていた、事実と違ったことを話していた、と理解するだけでも、患者は通常、相当の助力を必要とするからです。

そこで、第二の理由です。転移反応が、簡単に、また、完全には取り除けないのは、それが人間のパーソナリティにおいて一生涯続く部分であることに加え、大部分が無意識的性質のものだからです。患者は、治療者にたいする自分の認知が現実的でないという事実に気づいている場合もありますが、高い確率で、自分の誤認を生んだ無意識的な理由の多くを理解するのは非常に難しいと悟るでしょう。きわめて多くの患者にとっては、いま自分が治療者をどう認識しているかと、子どものときに自分の両親や兄弟姉妹、教師など、情緒的に重要な人物をどう認識していたかとのあいだに、なんらかの如実なつながりを認めることは、ひどく困難な作業なのです。

転移反応は無意識に深く根ざすもので、人間のパーソナリティから永久に切り離せない一要素です。だからといって、人はなすすべもなく、その有害な影響の餌食となるしかないのでしょうか。答えはノーです。

ジークムント・フロイトが、自分にたいする患者の転移反応に初めて気づいたとき、彼はそれを、克服不能ではないにしても、治療にたいする深刻な障害だと考えました。心理療法家を、自分の過去における情緒的に重要な人物の化身とみなすことに固執している患者は、本来の生きた人物として

——すなわち、複数の重要な点において、患者の過去の人間関係とは別の人間として——治療者を認識し受け入れる能力がひどく損なわれるだろう……当初はそう考えられました。ところが、フロイトをはじめ、多くの治療者たちがのちに発見したように、治療における転移反応に関わる諸問題は、解決不能とはほど遠い性質のものだったのです。転移反応は結果的に、障害というよりも、患者に関する価値ある情報を得られる驚くべき源泉であるということが、正しく認識されるようになりました。自分は治療者をどう誤認しているのか（過度に否定的にしても、過度に好意的にしても）を自覚する手助けを得て、そして、自分の子ども時代の経験がどうしてこうした誤認を決定づけ形作ったかについてなんらか学ぶことができれば、患者は、自身にたいする豊かな知識を収穫できるのです。

まずひとつには、どのように**自分自身**を誤認するのかとその原因について多くを発見するでしょう。治療者のものと曲解して考えたことがらの多くは、間違いなく、自分自身にたいする誤認の一部から生まれたものだからです。たとえば、もし患者が自分を弱く愚かだと見ているなら、おそらく治療者を、強さと賢明さの手本として見るでしょう。しかし心の底に横たわる治療者への感情は、自分自身にたいして感じるもの——つまり軽蔑——と酷似したものかもしれないのです。

治療における転移反応を探究することで得られるもうひとつの恩恵は、患者の個人的人間関係に関わるもので、多くは非常に有益です。患者が治療者をどう誤認するかには、社会や仕事、恋愛における人間関係でどんな誤認をするかも、強力に示されているのがふつうです。たとえば、「治療者はつねに自分を出し抜き、辱め、支配しようとしている」と患者が誤解し信じ込んでしまう場合、患者は、治療者以外との人間関係においても、自分がそのようなひどい扱いを受けると考えている場合があります。さらに、自分からそうした状態を招いてしまう可能性さえ大いにあるのです。

要するに、治療者にたいする転移反応は、患者が本質的な意味で自分自身や他者をどう認識し感じているかの見事な縮図なのです。そのため、みずからの転移反応について治療の場で学ぶことにより、患者はときに非常に目覚ましく、自分自身と他者にたいする理解を深めることができます。治療者にたいする誤認を正して解決することで、患者は自分と自分の人間関係についての認識も変えることができるのです。こうした視点に立てば、転移反応は、治療において障害物だとみなされる必要はほとんどなく、むしろ個人の変化と成長に関わる重要な触媒であり、さらに、患者の心理的情報を得るには不可欠の源泉となりえます。

では通常、治療者が患者の転移反応を回避したり抑制したりしないとすれば、どう治療的に利用するのでしょうか。精神分析的心理療法においては、治療者はこうした転移反応から選び出したものを**解釈**します。現在、過去、双方において患者に関してわかっていることに基づき、転移反応の多くの源泉を理解しようと努め、その解釈をつうじて、転移反応の裏にいままで隠されてきた意味を患者が認識できるよう手助けします。

次に紹介する私の実践の一例は、心理療法において転移反応が果たす役割をよく説明しているでしょう。ある四〇歳の高校教師が、慢性的で深刻な抑うつに悩んで心理療法に訪れました。彼は成人して以来、女性とのあいだに親密で性的な関係を築こうとしてきましたが、激しく不合理な恐怖に圧倒され、ほとんどが不成功に終わっていました。女性がわずかでも自由を手にすれば、測り知れないほどの害悪を自分に与えるはずだ、と彼は思い込んでいました。女性の手のなかで、わけのわからぬまま好きなように転がされる事態になるのが怖かったのです。彼が許せば、女性は彼を操作し、搾取し、覆い込み、骨抜きにし、罰し、貪り食うように感じられました。女性とのあいだに、気軽でプラトニックな関係を築くことは簡単でしたが、こうした大いなる恐怖のせいで、より親密で性的な関係をうまく思い浮かべることができなかったのです。

この患者の半生を見直してみると、女性にたいする葛藤がすぐにあきらかになりました。彼は自分の父親を、ぶっきらぼうで、内気で、非常に神経質だと説明しました。さらに肝心なのは、子ども時代をつうじて母親はいつも心ここにあらずで、朝から晩まで働いていて近づきがたく、彼をかまってくれない存在だった――と明かしたことです。愛や愛着を求める彼のニーズに応えてくれたときでさえ、母親は次のような方法で彼の感情を傷つけたのです。

1　「心配するんじゃないわよ、すぐ慣れるから。外に行って遊んでらっしゃい」といった言い方で、彼の抱えている問題を「取るに足らないこと」とみなした。

2　「なにか困ってるのね。母さんだってこれまでいろいろあったのよ。たとえばね……」といった言い方で、問題をすりかえた。

3　「いい子でいるんだよ。悪い（いやらしい）ことをしちゃだめだよ。母さんの言うとおりにね。

もしほかの人の言うことを信じたりしたら、裏切られて問題に巻き込まれるだけだよ。それだけじゃない、おまえは神様に恥ずかしくない子でいなくちゃだめなんだよ。母さんの言うことを聞かないと、神様に懲らしめられるんだからね」といった言い方で、彼の抱く感情に、恥辱、罪悪、懲罰という思考を付け加えた。

この患者がどう感じているかなど、ほとんど認識も確認もされなかったので、彼は自分の感情をけがらわしく罰当たりなものとみなすようになりました。心地よく甘い感情が湧き上がるといつも、まるで大罪を犯している気になったのです。できるかぎりそうした感情を心理的に取り去ろうとし、必要なら、自分の家の安全な繭のなかに世捨て人のごとくひきこもり、感情が引いていくのを待ちました。

治療を始めて最初の数か月間、患者は私にたいして非常に強い拒否反応を示しました。多くの点で、私が彼の母親を体現していると感じたのです。操作的で、非難がましく、強欲で、支配的で、好き放題で、冷たい人間だと感じることが多かったようです。私の発言が暢気なものだと、彼をバカにして見くびっているのだととりました。彼にあらたな視点を提示すると、命令的だと考えました。彼についてある種の懸念や責任感を表明すると、上から目線で、過保護で、尻に敷くような態度だととりました。反対に、彼の自律と独立性を尊重すると言えば、冷淡で無関心だととらえました。

ほとんどにおいて、私は、患者にたいして忍耐強く、中立で、支援的な態度を維持しましたが、彼の私に関する認知はしばらくのあいだ、頑なまでに否定的でした。ときおり患者にたいして、私の行動の合理性や理由を説明する必要がありました。というのも、子ども時代のつらい記憶のせいで、ほぼ無意識的に生まれた私への疑いが、あまりに激しく圧倒的になったからです。患者に向かって、はっきりと次のように言い切らなければいけないときもありました。「私のことをあなたが非常に否定的に見ているのには、ちゃんとした理由があるんです。それは、私が実際にひどい評価に値するからではなく、あなたが子どものときに、あまりにひどくごまかされ、手荒く扱われてきたからなのです」と。また、当然のことながら、自分の感情を吐き出し、私について最悪のことを考え、口にできるあらゆる機会を設けました。もちろん、彼はそれを理由に諭されたり報復されたりはしないのです。

こうした努力を重ねることで、彼の深い恐怖は徐々にやわらいでいきましたが、彼の変化と成熟を支援するという意味ではたいして効力がないように見えました。しかし、彼が語ったみずからの過去に基づく解釈をつうじて、子ども時代の不安と、現在の情緒的葛藤とのあいだに延々と続いているつながりの心理的重要性をついに示すことができたとき、彼はほんとうの意味で、自分自身を理解し変わることができたのです。このときまで、彼の情緒的生活は、子ども時代の認知と、大人になってから形成した人間関係とを別個のものとして考えることがどうしてもできずに、傷つけられてきました。そのせいで不自由に感じ、自信ももてず、他者にとっての自分の価値と重要性について楽観的になれなかったのも無理のないことです。

彼の私にたいする態度やふるまいについて、私は説明と解釈を試み続け、それは何か月もかかってようやく大きな実りをつけ始めました。彼は、私への誤解を生む原因となっているさまざまな無意識的源泉にたいし、自覚を増すようになりました。彼の家族関係についての幼いころの認識と、彼の現在の世界観とのあいだにある、どうしても解《ほど》けないつながりについて発見を重ねるごとに、彼はそのふたつを情緒的に分けて考えられるようになり、徐々に、母親の人格的限界にたいして、より現実的な態度をとるようになりました。そして、私とのあいだに強く前向きな同盟を築けるようになったおかげで、私以外の人間との情緒的な関係においてもより率直かつ自発的になりました。ゆっくりと、苦しみながら、自分の過去について理解を深めることにより、それを正しくとらえ、未来を完全支配されるのを免れたのです。

正直な話、このエピソードは、心理療法において転移が果たす役割を極度に省略・単純化して描写したものですが、それでも患者と心理療法家のあいだに起こるプロセスにおいて、この転移という現象がいかに中心的で重要な位置を占めているかがわかります。転移反応はたいてい、心理療法における患者の客観性と判断を歪め、妨害する傾向にありますが、治療者が適切に理解し利用すれば、無意識のうちに自分を縛っている過去の正体を患者が理解し取り除くのに役立つ、強力で欠くべからざるツールでもあるのです。

ちなみに、奇妙に聞こえるかもしれませんが、転移反応は、動物や植物にたいしても起こります。あるいは、乗用車や建築物などの無生物とのあいだにまで現れることがあります。人が自分のペットや植物、バイクなどを大事にするその方法は、たいてい、両親や他の重要な人物が、どのようにそうしたものを大事にしたか、あるいはもっと重要なこととして、どのように自分自身が大事にされたかを観察し理解した子どものころの経験と、因果関係をもっているものです。

ある私の患者は、感動的とも言える彼女の人格的成長を、七年間受けた心理療法のおかげだと考えていました。治療を始めたころ、彼女の椅子の近くに置いてあった植木鉢には、小さな、まだ若い植物が植えてありました。その後何か月かかけて、この植物は成長し多くの葉をつけました。数年後のある日、その植物は同じ部屋の、患者からは見えない別の場所へと移動されました。席に着いて、急いで部屋を見回したけれどもその植物が目に入らなかった彼女はこう尋ねました。「いつもここにあった植木はどこにいったんですか？」彼女の遠く左のほうに移動された植木を私が指し示すと、彼女はほっとした様子で微笑んで言いました。「よかったわ。私たちはここで一緒に、大きく成長してきたんですもの」。このコメントは、彼女がその植物にたいして抱いている姉妹のようなあたたかい態度を非常によく示しています。同時に、その患者が私のことを、大事に自分を育ててくれた親として見ているということも、はっきりと表しているのです。

私たちの大半は、自分たちの暮らす家や部屋、仕事場である施設などにたいしても、強力な転移反応を育てます。家庭や働く場所にたいする私たちの態度や適応は、私たちが育った家庭の情緒的雰囲気を反映し、そこから生まれることが大半です。非常に興味深いことに、心理療法を受けている多くの患者が、心理療法家にたいしてだけでなく、心理療法家が働く物理的な場所や建物にたいしても強力な転移反応を育てているのを発見することがあります。これはときに、冗談めかして「エディフィス（建築物）・コンプレックス（Edifice Complex）[訳注1]」と呼ばれます。

（訳注1） エディプス・コンプレックス（Oedipus complex）をもじったことば。もともとは、政治家が有形の思い出の遺産として巨大な建築物を造ろうとする傾向をさす。

20 防衛機制による心の働き

人間は、内側・外側双方からの刺激や影響と一日中ひっきりなしに闘わなければなりません。内側からは、攻撃的な性衝動が発散手段と欲求充足を休む暇なく求めています。欲動について意識して考えたり注意を向けたりすることはあまりないですが、たとえば、突然で一見理由のないかんしゃくや、空腹による激痛、荒れ狂うような性欲、不可解な暴力的悪夢などは、私たちがつねにそうしたものに襲われているよい証拠です。こうした欲動への対処はそれ自体がフルタイム・ワークで、バカンスや特別休暇といった付加給付などないも同然です。

本能によって課されるこうした途方もなく大きな要求に、私たちの自我感覚に向けられる無数の外的プレッシャーと挑戦とを加えてみましょう。経済的不安定、勉学や仕事に関する悩み、民族的・人種的・性的偏見、家族や友達にたいする情緒的期待、そして、環境からの猛攻撃（たとえば、大気汚染、高速道路の渋滞、住宅密集、世界的テロリズムという恐怖により、現代社会は多数の人間を砲撃しています）は、個人の心の安定を妨害することになるかもしれません。どれほど大量の内的および社会的な力と絶え間なく闘わなければいけないかを考えれば、分別ある者はこう尋ねるかもしれません。「いったいどうすれば、私たちは発狂せずに一日を終えられるのでしょうか?」

そうです。深刻な心理的ストレスの重みに耐えかねて、情緒的に崩壊してしまう人も現実にいるのです。しかし、幸いにもたいていの人はそうなりません。なぜ大多数の人は心理的安定を失わないのか——その大きな理由のひとつは、自動的かつきわめて無意識的な防衛機制に依存していることです。治安活動と呼ばれることもある防衛機制は、私たちのパーソナリティ装置の、自然で不可欠な一部分です。防衛機制を採用することで、人間は、通常一日中受け取っている情緒的ショックや混乱に、ほぼ意識的な努力や意図なしに対処することができます——これはいい知らせです。しかし悪い知らせもあります。ときおり、こうした防衛機制は錆びつき故障することがあり、そうなると人は、力強い感情の湧き上がりにきわめて影響を受けやすくなります。その強力な感情の圧政下に敷かれることさえあるでしょう。あるいは、防衛機制が長時間にわたって機能しすぎてあまりに硬直的になると、人は自分の感情から切り離されてしまい、自然で共感に満ちた親密な感情を他者に示す能力が損なわれる可能性があります。おそらく、いまからご紹介する特定の防衛機制に関する議論は、そうした適応的特徴と不適応的特徴、双方の解明に役立つでしょう。

合理化

合理化（rationalization）は、おそらく、防衛機制のなかでもっとも認識しやすく、外部からの影響を受けやすいものです。合理化を行うとは、実際にはなにを意味するのでしょうか。本来、人が無意識的に、自分の行動の結果の言い訳をしたり正当化したりする傾向のことをそう呼んでいます。ではこの心理的策略はなぜ必要なのでしょうか。自分自身のふるまいや感情を合理化する傾向は、たいてい、困惑、屈辱、剝奪感、敗北、落胆といった情緒的苦痛から生まれます。

いくつかの例がこの点をあきらかにしてくれるかもしれません。ふたつのバスケットボール・チームがリーグ優勝をめぐって戦っていますが、片方のBチームは、大事な試合を逃してしまいます。Bチームの選手のひとりは、そのゲームのあとで言います。「あのとんでもない審判でなかったら、俺たちは勝ってたよ」。このことばは、すばらしく注意深く公正な審判が行われたという事実にもかかわらず、発せられました。たとえ一時的にせよ、慰めと、敗北の苦痛からの回復を提供する意図があるのです。

別の例を挙げましょう。ある若く野心的な男性が、勤務先企業で、きわめて魅力的な地位をめぐって競っています。しかし数か月後、最終的にその地位を得たのは、猛烈な競争相手のほうでした。今回、そのライバルは、あきらかに優秀さを理由に選ばれたのですが、その野心的な若者は言います。「あのクソ野郎は、コネを使ってあの仕事を手に入れたんだ。何年も上司にぺこぺこしてやがったからな」。これも、私的な落胆や喪失の痛みを修復しやわらげようという試みなのです。

最後の例は、十分な説明となるでしょう。ある少年が夕食の席でひどく迷惑なふるまいをします。この夕食のハイライトは最高のアイスクリーム・サンデーですが、少年の両親は、「このとびきりのデザートの前におまえを寝室に入れてしまうよ」と脅かします。しかしどういうわけか、少年は両親を困らせ続け、間もなく自室へと追いやられてしまいました。さあ、少年は眠りにつくよう努力しなければなりません。両親を気色ばませるという一瞬の喜びのために、ものすごいごちそうを犠牲にしたことを思いながら。どうやって彼は、そんな落胆状況のなかで眠りにつくことができるでしょうか。

夜中に冷蔵庫をあさりにいくというきわめてもっともらしい選択を除けば、次のように思い巡らして、深刻な喪失感覚を合理化するだろうと予想できます。「あのアイスクリーム・サンデーはたいして特別ではなかったんだ。おまけに、これから先、もっとたくさんアイスクリームは出てくるのさ。大きくなれば、好きなだけアイスなんて買えるんだ。アイスクリーム工場の社長になるかもしれないんだし」。もちろん、こうした合理化は、この子どものつらい後悔の念を完全に鎮めることはできませんが、喪失感を減じ、安眠をもたらす可能性はあります。

しかし不幸なことに、人生であまりにも多くの喪失や凋落に遭遇したため、自分の苦痛を過度に合理化してしまう人もいます。自己の向上のために努力したり大志を抱いたりすることさえやめてしまうかもしれません。彼らが言うように「努力してなんになる。どうせ目標には届かないんだ。どんなに望みをもっても、どうせまたがっかりするだけ」だからです。このため、繰り返し起こる過酷な落胆や挫折のせいで希望は打ち砕かれ、やがて、その人が常備するようになった合理化傾向により、頑なで自滅的なパーソナリティがかたちづくられるのです。

抑圧

抑圧（repression）とは厄介な思考や感情を、無意識的に忘れたり遮断したりする傾向のことです。すでに述べたとおり、私たちは、朝から晩まで一生涯、無数の内的な力と環境的な力とに攻撃されています。それでも漸進し、日々の日常的要求を満たすためには、実際に経験することの多くを精選し、検閲し、無視し、葬り去る必要があり、それはおもに無意識的に行われなければいけません。つねに私たちを悩まし続けるそうした無数のプレッシャーや刺激に完全な注意をはらっていたら、一瞬で怒り狂ってしまうでしょう。

だからこそ、自分の経験することを自動的にふるいにかけて取捨選択するのは、心理的に必要なことなのです。こうすることで、注意や配慮をもっとも必要とするものごとにたいし、建設的に対処できます。つまり、情緒的要求やニーズを、自然にかつ無意識的に整理統合するのです。たとえば、空腹時に長い講義を集中して聞くことが、すぐに空腹を満たすよりも大事なことならば、私たちはおそらく、少なくともその講義からなにか有益なことを学ぶに十分な程度の時間、十分な程度の強さで、ハンバーガーを食べたいという欲望を抑えるでしょう。このようにして、抑圧は、望ましい目標に集中しそれを達成することを可能にします。

そのいっぽうで、抑圧は個人の生活に大混乱をもたらす場合もあります。車のキー、病院の予約、大事な教科書、親しい友人の名前などを忘れてしまうといった現象は、すべて、大荒れの結果をもたらす抑圧の例です。こうした例が示しているのは、人は無意識的に特定の義務や行動にたいして抵抗や反感をもっているものだということです。そうした感情を完全に認識できないと、しばしば、内的な反抗という結果をもたらします。ときには、ゴミ出しを「忘れる」というような、攻撃的というよりもむしろ受身的な抵抗というかたちをとります。

私が仕事上遭遇した、より劇的な抑圧の例を紹介しましょう。それは三〇代後半の化学者との面接で現れました。この男性はティーンエイジャーだったころ、周りの友人から、歯並びの悪さをひどくバカにされました。彼の前歯は異常に長く、ひどく前に突き出ていたのです。結果的に歯科矯正医の治療を受け、通常の長さにまで削ってもらいましたが、矯正治療を受けるまでの数年間にわたり、彼は絶え間ない社会的虐待に苦しみました。ところが、それから二〇年以上もたって私のところを訪れたときには、自分の歯の異常や、友人たちから受けた忌まわしい虐待のことは、まったく覚えていませんでした。彼の思春期や当時の対人的困難としてどんなことが考えられるかと私が直接言及したときにはじめてこうした記憶が目覚め、よみがえったのです。それから彼は、そのできごとと、一〇代の彼が味わったひどい苦痛について、より詳しく一部始終を話せるようになりました。

ここで、次のように尋ねる方もいらっしゃるかもしれません。この男性が、自分のトラウマ的な過去を覚えていられなかったのは、ある意味、彼にとって都合のいいことではないでしょうか。つまり、「知らなければ傷つくこともない」というのは真実なのでは？

残念ながら、そのいかにも核心をついたようなでたらめのせいで、人はしばしば誤った方向に導かれます。私たちが話題にしてきたこの男性の場合は、あきらかに間違いでした。長年のあいだ、意識のうえでは過去の大部分を思い出さなかったからといって、青春時代の苦い経験がなんの情緒的傷跡も残していなかったわけではありません。実際は、心理的要因から、青春時代の過去の苦痛を思い出したり、感受したりできなかったせいで、現在の苦痛が増しただけでした。そのため、この男性は、他者をなかなか信用できず、ちょっとした間違いのせいで信頼を失ったりバカにされたりするのではという猜疑心につねに悩まされていました。この抑圧された過去のできごとに繰り返し悩まされながら、その有害な影響を理解したり評価したりという恩恵はいっさい受けなかったのです。

置き換え

置き換え（displacement）は日常的にきわめてよくある現象なので、まるで呼吸と同じく、ふつうは人目に留まりません。この置き換えというテーマをうまくとらえた漫画も多く、なかにはかなり痛烈に描いているものもあります。たとえば、仕事場では虐げられびくびくしている主人公が、自分の家に帰った途端、猫を蹴飛ばし、家族に威張り散らすというのもあれば、その反対に、社員にたいしては文字通りの威嚇者である堂々たる企業のトップが、家では家族の言いなりで、無力なサンドバッグ状態だというのもあります。

いま示した例は、置き換えの性質をよく表しています。置き換えの本質とは、特定の人間によって引き起こされた思考や感情を、その当の人物ではなく、多かれ少なかれ、そうした思考や感情にとって二次的な立場にある他者に向ける傾向のことです。こうした奇妙な心理的防衛はどうして起こるのでしょうか。

私たちの感情は、強い不安を感じる相手によって引き起こされることが往々にしてあります。たとえば、権威的な父親からつねに傷つけられ苛まれている一〇歳の少年は、間違いなく、父親にたいして大きな怒りと腹立ちを覚えているでしょう。それでも幸運な場合は、父親にたいしてその激しい感情をいくらか表現しても、病院送りになったり、残りの日々を家に閉じ込められたりするのは免れるかもしれません。しかし現実的には、非常に権威的な親というのは実に恐ろしく、幼い子どもにはどうにも近づきがたい存在です。こうした敵意に満ちた感情を、攻撃的な親に直接向けられない場合は、どうなるでしょうか。たんにどこかに消えていくでしょうか。

そうとは考えにくいでしょう。家庭では、父親という独裁者が、「息子は自分にたいして最大の敬意をはらい歯向かうこともない。手に負えないなんてことはうちにはありえない」と自慢に思っているかもしれません。そして、家庭での少年のふるまいにかぎって言えば、父親はおそらく正しいのです。しかし、少年が家の外でどんな様子かを注意深く見てみれば、たとえば学校で、激しい情緒的葛藤を行動に表している姿に出会うかもしれません。怒りを抱えたこの少年は、おそらく、自分より小さな子どもをいじめ、脅かしたり、強い軽蔑を感じる教師には見境なく反抗するかもしれません。また、彼の情緒的葛藤は、まったく違う行動方針を生むこともあるでしょう。復讐心に燃えた感情の恐ろしいほどの激しさにより、他者からひきこもり、異常に臆病で、過度に服従的になる可能性もあるのです。過度に受身になるか、それとも手に負えないほど攻撃的になるか、家庭の外での少年のふるまいは、どちらにしろ、強度の置き換えの典型例を示すでしょう。権威的な立場にある人物をなかなか信用できず、自分より小さく弱いものを犠牲にすることで、敵意の発散手段を探すようになるかもしれません。不運にも、父親への怒りの感情を表現したり解決したりできないせいで、世界の大部分は潜在的に恐ろしいものだととらえるようになるかもしれません。こうした態度は、否定的置き換えのはっきりした例と言えます。

幸いなことに、置き換えは、つねにいま述べた例が示すほど単純に、あるいは自動的に起こるものではありません。少年は、父親の激しい攻撃の影響をうまく耐え抜けるぐらい体格的に強靭で、その結果、他者にたいして前向きな態度を形成するかもしれません。あるいは、父親が彼に染み込ませたネガティブな感情も、親切で支えとなってくれる人たちとの触れ合いにより、中和されたり打ち消されたりする可能性もあります。

私が目にした、さらにはっきりした置き換えの例のひとつは、あるティーンエイジャーが、別の少年の自転車を盗んで小川に沈めたケースです。少年は捕まり、その乱暴な行動について尋問されましたが、どうしても動機を説明できませんでした。ところが母親が、その前の週、ある年長の少年が彼の自転車を盗み、同じ川に投げ捨てたことを思い出し話したのです。すぐにこのふたつの事件の発生時間が調べられ、二回目の窃盗は、一回目の窃盗のちょうど一週間後、ほぼ同時刻に行われていたことがあきらかになりました。この気味が悪いとも言える事件のつらなりは、気分を害された犠牲者

（victim）が、報復的な処罰者（victimizer）へと、置き換えという行為をとおして立場を変える経緯を示していました。

ちなみに、置き換えが前向きなかたちをとることもあります。両親や親《おや》的な立場の人物から尊重と親切さをもって扱われる子どもは、ふつう、他者との人間関係においても同質のものを与え、また、与えられるものだと考えます。

投影と外在化

情緒的葛藤があまりに休みなく訪れ、自己懲罰的なものになると、私たちは正面からそれに立ち向かうのではなく、むしろ放り出し、「吐き出す」ほうを選ぶことがあります。自分の問題を他者のせいにするというプロセスは、投影（projection）として知られています。投影の例には、まったく無害で滑稽なものさえあります。口をチョコレートだらけにした子どもが、「クッキーの缶をこじ開けたのは、ぼくじゃなくて、妹のスージーだよ」とためらいなく言い張る場合とか、合理化の議論を思い出せば、「くだらない」審判のせいで負けたんだと非難したBチームの選手のケースなどです。この選手は、自分の怒りと自己非難とを、あきらかに審判に投影したのです。（ちなみに、この例により、ある特定の防衛機制は、単独で、あるいは、他の防衛機制と完全に分離して起こることはないとわかります。通常、防衛機制はお互いに連関・重複しながら機能し、突然入れ替わることもあります。しかしほとんどの場合は、ある特定の防衛機制がつねに優勢を保ちます）。

残念ながら、みずからの否定的感情を他者に投影する傾向は、人格的に深刻な結果を生み、ふつうパラノイア（偏執症）と呼ばれる心理状態の基盤を形成します。情緒的できごとは複雑に連鎖し、次のようなコースを辿る場合があります。ある人物が、ほかのだれかにたいして極度の愛着または敵対感情を抱きます。どういうわけか、こうした感情は所有者にとって不快でいとわしいものになりますが、嫌な感情と、それに伴う不安の存在を認められず、その感情は自分のものではないとどうにかして結論づけようとします。つまり、それは基本的に他者に属するものだと考えるのです。もしこの傾向がチェックされずに居座り続けるとその理解感覚は激しく大きくふくらみ、極端なところまでいくと、数人、あるいは多くの他者が自分に害を加え傷つけようとしているという強固な信念が生まれる場合があります。読者の皆さんもお気づきのとおり、自分自身の忌まわしい感情への嫌悪という繁殖力ある小さな種子から、このようにして巨大な不安と陰謀的な思考が成長するのです。こうした個人の変質は、他者にたいして自己憎悪を投影した結果です。要するに、自己嫌悪がかたちを変え、憎悪は実際に「敵」の心のなかで生まれているという根拠のない信念となったのです。

ちなみに、その人の投影があまりに激しく、事実の深刻な婉曲につながって苦しんでいる場合でも、他者は皆、自分にたいして敵対的で不気味な存在だという認知においては非常に正しい場合があります。むき出しの執念深い敵意をあまりにしばしば他者に向けるため、彼と接触する人々は、間もなくほんとうに彼を疎み、ひどく嫌うようになるのです。実現のための予言のごとく、自分自身の敵意のせいでしつこく他者を責める人物は、知らぬ間に、他者がほんとうに彼を避け嫌っていることに気づきます。このようにして、彼はほんとうの対立者や敵を増やしていき、あきらかに、自分のもともとの誤認を正当化することになるのです。

外在化（externalization）は、投影とよく似ていますが、さらに意識的なプロセスとみなされることが多い防衛機制です。一般に、自分の感情を、自分以外の力（必ずしも人間ではありません）のせいにするとき、人は外在化を行っています。こうした力は想像の産物というわけではなく、実在します。しかし、自分にたいするそうした力の影響に過度の重要性をおくとき、人は外在化という防衛機制を採用していることになるのです。たとえば、自分の上司にたいして肚の底からむかつくたびにひどい片頭痛に悩まされる人は、その慢性的な病状を寒い（あるいは暑い）気候のせいにするかもしれません。あるいは、恋人にふられた男は、何度も恋愛に失敗する理由を、自分の性格上の情けない欠点よりもむしろ、使っているコロンやマウスウォッシュがよくないのだと考えるかもしれません。もちろん、気温がぐっと低かったり、うだるような暑さだったりするせいで、あるいは、息が臭うせいでその人間の健康や恋愛生活が害を受けることを否定できはしません。しかしながら、自分の窮状をあまりにしばしばそうした外的な要因やできごとのせいにする傾向は、心理的説明のために内面を覗くことができないという事実に大いに基づいているのです。

さらによく見られるもので、わりあいに害のないかたちの外在化のひとつが、いま流行の星占いや占星術的な力です。どんな社交的集まりでも、知り合ってから比較的間もないふたりの会話をちょっと立ち聞きすれば、たいていはこの便利な外在化手段にお目にかかります。ある男性が、女性との出会いを求めて、世間話から会話を始めようとしています（その反対もあるでしょう）。そうした出会いは、ある程度の不確実性や緊張を生むため、互いに次のような問いかけを不器用にいじりまわします。どうしたらこの人のことがわかるだろうか。つっこんだ話をするべきか、それとも、スポーツや天気の話だけのほうがいいだろうか。とにかくこの人は、はずれか、当たりかどちらだろう。もし（今日もまた）断られたらどうしよう。

他者をほんとうによく知るのは、たいへんな仕事です。忍耐、熱心さ、気遣い、共感、好奇心、ユーモア、その他多くの人格的資質を必要とします。残念ながら、多くの人は人間関係において、こうした資質を欠いたり軽視したりするため、できあいのてっとり早い方法で社会的なつながりを固めようとするのです。社交の場での見知らぬふたりの話題に戻りましょう。さっさと相手を「発見」するのに便利な方法は、「あなたは何座生まれ？」と尋ねることです。たとえば相手がさそり座だとわかれば、なにか認識可能なものが共有できたような幻想が生まれ、このさそり座の人物は、精神的に、占星術的に、さそり座が代表する人格特徴に従って分類整理されます。たとえば質問者が、「ぼくは獅子座だ」とあきらかにすれば、このふたりの見知らぬ人間は、この情報をもとに、ある種の突飛な行動や変な癖に加え、ふたりの恋愛の相性がどの程度のものかまで特定することが可能です。しかし、このよくできたシステムははたしてほんとうに有効でしょうか。

結局のところ、自分が何座生まれかを教えあうことでわかるのは、その人が一年のどの時期に生まれたかという情報以外になにもありません。では、こうした社会的妙技の大きな目的とはなんでしょうか。そのほとんどは、不安と不確実性を克服することだと考えられます。各個人は、周辺部分で関わりあう外部システムを使って、自身や他者を理解しているのです。この社会的な小細工は、きっかけとしては便利な社会的潤滑剤の役目を果たすかもしれません。話の糸口をつかむ小技のきいた仕掛けとして使われるだけなら、見知らぬ者同士が気まずさを克服するのに有効でしょう。しかし、外在化のそうした手段が過剰に利用されると、自己洞察や理解を妨害し、相互に遠ざかっていくという望ましくない影響を生み出すでしょう。

反動形成

反動形成（reaction formation）は、さらにとらえにくく、ゆえに誤解を招きやすい防衛機制のひとつです。反動形成とは、実際に感じていることとは大きく異なる、矛盾したふるまいや態度のパターンを形成してしまう傾向のことを言います。ある男性の例を挙げましょう。彼は、いかなる環境に遭遇しようといっさい関係なく、どこへ行くときも貼り付いたような不変の笑顔を顔に浮かべています。この人物は実際、なにを感じているのでしょうか。他者にたいしてあたたかくフレンドリーな感情をつねに抱いていると考えられるでしょうか。おそらく答えはノーでしょう。大きな怒りと不安を抱えているのに、自分の感情のガードを十分に下げることもできないため、自然にふるまえないのだと考えるほうが妥当でしょう。

もうひとつ別の例を挙げましょう。凶暴な表情を浮かべ、ドシンドシンと歩き回り、ほとんどいつも周りの人間をバカにした態度をとる人物について考えてみましょう。この人物は、やさしく共感的な感情などいっさい持ち合わせていないと考えるべきでしょうか？　これも、やはり違います。たしかに、かなりの敵意を抱いていることを周囲に示していますが、この人物をよりよく理解すれば、敵意に満ちた見かけは、後悔を隠すための煙幕として機能していることがわかるでしょう。自分のもつ愛情あふれる親密な感情に折り合いがつけられないことを悔しく感じているのです。厳しいボディビル・トレーニングで、筋肉隆々の肉体を手にした男性の状況もよく似ています。彼の両腕にはそれぞれ、これ見よがしにタトゥーが入っています。片方には恐ろしげな戦艦、もう片方には図体の大きいバッファローです。この男性は自分の半生をさらに誇張するため、いつも偉そうに歩き、死をものともしないかのような超大型バイクを乗りまわしています。そんな男性に出会ったら、私たちはどのように推測するでしょうか。彼はほんとうにどんなときも恐れを知らず、雄々しく、自信にあふれた、ヘラクレスのような男性なのでしょうか。実際は大違いです。

たいていの場合、そうした人間は、個人の強さを示してくれそうな社会的象徴や装身具を身につけることで、劣等感や弱さという感情を必死に埋め合わせているのです。自分の感情の非力ぶりを認めるよりもむしろ、強さと力を象徴するように**見える**パーソナリティ・スタイルを採用しているのです。

ある三五歳の男性は、結婚生活が離婚に終わった直後、ひどく深刻な抑うつに悩んで治療に訪れました。最初の数回の面接では、「生まれてからこれまで、たった四回しか腹を立てたことがありません」と彼は自慢げに言い切っていました。ふつうの人間なら、少なくとも一五分ごとになにかしらに腹を立てるものだと思われますから、私は、彼の自慢の信憑性については非常に懐疑的でした。この男性は子どものころ、サディスティックな継父のもとで、心身双方への非常に激しい虐待に苦しめられました。こともあろうに教会で、継父は彼の小さな手をとり、その無力な指を捻りあげました。父親の手は、まるで大きな万力《まんりき》のように、苦痛の極限まで少年の指を捻ったのです。痛みがきわまるにつれ、少年は当然、声を出して泣き叫びたい衝動を感じました。しかし継父は、恐ろしげに彼に警告したのです。「ここで大騒ぎしたら、家に帰ってひどい目にあわせるからな」。

幼く、抵抗する術もないこの少年は、苦痛と涙、叫び、そしてなにより、自分の怒りまでも押し殺すしかありませんでした。こうした痛ましい状況のもと、彼は間もなく、「イヒヒ」という短く陰気な笑い声をもらす癖を身につけました。この笑い声には、心理的な意味でふたつの目的があったようです。第一には、少年にたいして蛮行をはたらきながら、容赦なくも「騒ぐな」と強要する継父の執念深い猛攻撃から、どうにか自分を護ることでした。第二には、自分を偽り、ある程度までこう信じ込むことでした――自分は苦しめられているのではないし、自分を苛むものにたいして殺人的な怒りを感じてもいないのだ、と。しかしそれは、あきらかに彼が一番に感じていたことなのです。

この男性は成長するにつれ、悲しみや怒りについては、実際とは逆の気持ちをステレオタイプ的に表現するようになりました。すなわち、ぞっとするような恐怖や怒りを感じるときには、不自然に狂喜するわけです。治療において、彼の恐ろしい過去について話し合ったり、あきらかにつらいできごとを掘り返したりするとき、彼はいつも、短く哀れな笑い声をたてました。まるで、「お願いだからぼくを傷つけないでください。文句は言いませんから」とか、「ほら、あなたはそうやってぼくを傷つけるけど、あなたのお仕置きなんかぼくは気にしませんからね」と言っているようでした。このように、ある形態のふるまいや一連の態度（一見したところの陽気さ）が、その反対の感情（苦痛、怒り、恐れ）をありありと表現している様子を見ることができます。これこそが、反動形成の典型的な例なのです。

人はしばしば、内的な感情と矛盾した方法でふるまうものです。ですから、ある人物の行動が、ほんとうの気持ちを正確に反映しているのかどうか見分ける方法を問う人がいるのももっともです。ずばり、反動形成を見分けるにはどうしたらよいのでしょうか。残念ながら、その判断は非常に難しいときがありますが、反動形成の存在を知る強力な手がかりのひとつとして、その人物の行動と態度に見られる「厳密さと極端さ」を挙げることができます。おそらくこれに刺激されて、ゴア・ヴィダル(訳注1)はかつて「性刺激にさらされることで生まれる心理的影響を研究するよりも、猥褻な素材を異常なまでに検閲する心理を研究するほうが、大きな価値があるのではないか」と提案したのでしょう。ヴィダルは疑いなく、「性的な素材にたいする悪意に満ちた検閲には、同じくらい悪意に満ちた猥褻な意図がある」と言いたかったのです。

しかし多くの場合、反動形成の本質は、この防衛機制が溶けてなくなった**あとに**もっともよく見え

（訳注1） Gore Vidal（1925–2012）。米国の作家、劇作家、評論家。同性愛をテーマにした『都市と柱』や性転換者を扱った『マイラ』などが有名。脚本家・俳優としても活躍した。

てくるのです。たとえば、ガーゴイル（訳注2）のように微笑が顔に刻み込まれた男性は、「不自然」な感情にぼんやりと不満を感じて治療を受け始めるかもしれません。一定期間、彼の「憎むべき」感情の深さを探り、認め、表現し、最終的には受け入れたあと、その人物は、より自然に感じ始めます。人格の自然さが花開くにつれ、その幸福に満ちた微笑みは徐々に、眉間のしわや唸り声へとかたちを変えます。この人物が、自分の感情にたいしてより大きな自発性と主権を獲得するにつれ、彼はふたたび、微笑みを手にしますが、今度は大きな違いがあります。その微笑みはより柔らかで、顔に貼り付いたような不変のものではもうありません。そして間違いなく、ほんとうの喜びや自己充足をより多く表現した笑顔となるでしょう。こうした印象的な心理的前進は、かつての反動形成がかなりやわらいだことを示す、劇的で、否定できない証拠です。

退行

退行（regression）は、しばしば誤解され、そのためひどく中傷されることの多い防衛機制です。退行ということばは日常的に使われますが、人が、子どものころ……おそらく幼児だったころにとっていた一連の態度やふるまいに戻るプロセスのことを言います。社会的議論の対象としての退行は、いくぶん否定的あるいは悪意ある含蓄を帯びることもあるようです。まるですべての退行行動は、本質として「病的」で自滅的であるかのようです。

実際には、無意識に退行できる能力によって利益を得ることもあれば傷つくこともあり、そのどちらになるかは、どこで、いつ、どの程度、どのくらいのあいだ退行するかといった、多くの要因によって決まります。退行の多くはきわめて無害で、実際、愉快な性質のものもあります。たとえば、家庭でも職場でも、いかなる娯楽もくだけた態度も許さない、まるで守銭奴のようで生真面目なビジネスマンの例を挙げましょう。ある日、遠方の街で開かれる某企業の代表者会議に出席することになった彼は、二日間のあいだ酔っぱらってバカ騒ぎし、バーの用心棒にけんかをふっかけて殺されそうになり、手当たり次第に女の尻を追い回して羽目をはずしました。この週末の休息は、日頃の謹厳実直な存在からの、顕著な退行の一例と見ることができます。

　ここまで派手なものでないにしても、退行は、私たちの日常生活にあふれています。鉛筆や爪を噛む、ひとしきり泣きじゃくる、ヒステリックにかんしゃくを起こす、食べ物や薬、タバコへの依存、過度の白昼夢にストレス性のひきこもり、こうしたものはすべて退行の例です。

　我が身が引き裂かれるような危機に見舞われたりすると、ものごとを全体としてとらえ合理的に考える能力が損傷を受けます。予想外の激しい感情の高まりにひどくうろたえてしまい、どうにも手に負えなくなるかもしれません。不安がふくらみ、思考がさらに混乱して無秩序になるにつれ、比較的無力だった子ども時代と同じように感じ、行動するようになります。現在のジレンマに加え、とりわけ無力で傷つきやすいと感じていた子ども時代の経験と関わる感情や記憶を、意識的あるいは無意識

（訳注2）　ゴシック建築で怪物のかたちに作られた屋根の水落とし口。怪物像。

的に思い出さざるをえない可能性が大きいでしょう。むろん、こうした回想により傷つきやすさや無力感は増すばかりで、心理的な平安状態への回帰はよりいっそう困難になります。

たしかに心理的退行には有害な面がありますが、退行する能力（そして退行そのもの）は、人格葛藤を再編成し解決するという厄介な仕事にとって、しばしば欠かせないものです。人格葛藤の大半は幼い子ども時代に生まれるので、多くの場合、ストレスや不安、自信のなさ、罪悪感などを生んだ過去のトラウマ的なできごとのいくつかを情緒的に呼び起こすことが必要です。よくあることですが、情緒的に過去を遮断したり忘れたりする傾向があると、個人史におけるトラウマ的なできごとが大人になって途方もなく繰り返される可能性は増すばかりです。個人的葛藤を生み出した経験を情緒的に再現すれば、たとえそれが部分的で、いまさらと言うほど過去のことであっても、人はその葛藤への洞察や支配を得られるかもしれません。こうした理由から、多くの心理療法家は、面接のなかで患者がある程度の退行を経験するようにそれとなく促すのです。患者はふつう、なんら制限を受けず、そうした行動が子どもっぽいとかばかげているととられる可能性など考えずに、自分が考え感じることをすべてことばにし、表現するよう助言されます。

治療での退行をとおして有益な知的洞察と理解を獲得することにより、人は自分の貧弱な自己イメージと、他者と関係を築く際の報われない特定のスタイルとを変える方向へと、正しいステップを踏み出せるかもしれないのです。一時的退行をとおし人格的に成長するというこのプロセスは、精神分析的心理療法家によって、「自我のための退行（regression in the service of ego）」と適切に命名されました。しかしながら、退行をつうじての人格の成長は、心理療法においてのみ起きるわけではありません。退行的経験をしたあと、爽快な気分とともに、はっきりした見通しと安堵の感覚を得ることは珍しくありません。それ以外の点では「大人らしい」大人たちが、ギャンブルやリトル・リーグ、近所の井戸端会議、温泉めぐりなどに夢中になる様子を見てください。あるいは、愛する者を喪うという悲劇のあとに、涙が涸れるまで泣きはらすことで、通常、解放と慰めを得られるという事実を考えてみてください。退行には心理的利益をもたらす能力が備わっていると信じるからこそ、「ざっくばらんに話す」「存分に羽を伸ばす」「気ままにふるまう」といった、いまとなっては決まり文句となったフレーズまで生まれました。こうした表現には、自分らしさを保ち続けるにはある程度の心理的退行が欠かせないという認識が表れています。

すでに述べたとおり、退行が自滅的に働くことがあるのも真実です。たとえば、悲嘆にくれている人物の退行が、あきらかに、慢性的で難治性のアルコール依存へ向かうコースをとってしまえば、自身への致命的害悪となるでしょう。また、ある種の退行により、上司の前でヒステリックでコントロール不能のかんしゃくを起こしてしまう不機嫌な従業員は、残念ながら近いうちに、失業者の列に仲間入りすることになるかもしれません。不安から強迫的過食（退行）に陥った人物は、肥満で健康を害したうえに、社交的で愉快なイベントに出かけるのも控えなければならないことに気づくかもしれません。もっとも極端なかたちの退行には、現実の理解力を失い、理性と精神力とを欠くという精神病的状態があります。自殺行為のほとんどは、あきらかに、究極のかたちの退行です。ここに至っては、破壊的な退行の影響は、明白かつ取り返しのつかないものとなります。つまり退行は、他の防衛機制と同じく、私たちを前進させもすれば、個人的目的から遠ざけることもあるのです。退行は多くの場合、無意識的な情緒経験なので、人は、いつなんどき退行が誘発されるかもしれない社会環境にたいして、必ずしも十分にコントロールできません。また、どの程度自分が退行するか、あるいは、どれほど早く退行から回復するかなどを言い当てられるともかぎりません。私たち自身の退行の仕方が助けになるか障害になるかについても、退行的経験からどの程度まで情緒的に回復・成長・学習するかに加え、いつ・どこで・どの程度退行するかという要素に影響されることが多いのです。

理想化

理想化（idealization）とは、他者の好ましい人格的資質を大袈裟にとらえ、美化し、賛美し、祭り上げる傾向のことです。心理的防衛としての理想化には多くの型があり、さまざまな目的達成に役立ちます。一般に、この防衛機制を利用する人は、人間関係において相手に尊敬心を抱きやすく、態度はうやうやしく、とりわけ、社会で権威的な地位を占めている人々にたいして屈従的に接する姿が観察されます。

理想化という性癖は、大半は、非常に簡単に見分けられます。たとえば私は、患者と初めて面接する際にはたいてい両親について尋ねます。両親の人格的特徴について患者がどんな意見をもち、どう評価しているかを聞こうとすると、よく次のような反応が返ってきます。「両親ですか。なぜ両親のことなどお知りになりたいのでしょう。ふたりはすばらしいですよ。問題などなにもありません。完璧な関係で、実のところ、一七年以上もけんかひとつしてないんですよ」。

「あなたのご両親は、何十億人ものなかの貴重なふたりに違いありませんね」——私はこう言って、偶像崇拝的な患者を軽くからかうこともあります。そして、どう見てもうわべだけとわかる驚きのポーズで、「私は、心理療法を始めてこのかた、そんな完璧な方にはお会いしたことがありません」と付け加えます。また、私の本心をことばにすることもあります。「あなたのご両親はお気の毒ですね。完全に葛藤が欠如しているように見えるのは、あきらかに、おふたりの関係性において、親密さが恐ろしいほどに抜け落ちているということです」。ここまで言っても患者が考えを変えず、みずからの理想化傾向を返上しないなら、私はきっぱりと言います。「あなたがこんなにみじめに感じるのも不思議ではありませんね。まるで聖人のごとく非の打ちどころのないご両親と比べれば、自分は価値のない、虫けらのように感じるのでしょう」。ほんのわずかな例外を除き、理想化傾向のある患者は、治療者によって共感的に理解され質問をされることで再評価を始め、自分の不合理な態度を前向きなものへと変え始めます。

認知が理想化される様子は、社会の上層にいる人——雇用主、監督、大学教授、政治家、医師、職長、両親など——にたいして多くの人間がとる態度によく見られます。こうした上層の人間は、魅惑的で、全知全能で、間違えることがなく、破壊不能の資質を備えています。不思議なことを起こす能力があると考えられ、自分を理想化する人間にたいして、気前のよい提供者であり世話人であることを期待されます。理想化傾向は、青年時代の英雄崇拝と類似しており、実際、その一形態でもあります。ときに英雄は、カリスマ、リーダーシップ、強さ、的確な知恵を提供し、私たちの人生を邪悪から解放すること、そして、私たちを上に引っ張り上げて同じように奇跡を起こせるようにしてくれることを求められます。

いま述べたような説明は、この理想化傾向という防衛機制の目的と意味について、有力な手がかりを提供しています。理想化の発生については、おもにふたつの説明が存在するようです。第一の説明は、「理想化は、私たち自身が招く怒りや軽蔑にたいし、緩衝材や盾として役に立つ」というものです。疑うことを知らぬのめり込みや憧れが存在するところには必ず、嫉妬や軽蔑、軽視といった感情が横たわっているのです。

人はふつう、軽蔑的で残忍な感情を抱くと、強い不安と罪悪感を感じるものです。表面上は自分が崇め、熱心にまねる人物によってそうした感情が引き起こされた場合は、なおさらです。そこで、無意識的にそうした忌まわしい感情を抑えつけますが、このときに、重要な心理的手段がとられます。自分に嫉妬や敵意を起こさせた人物を、人間離れした完全性と善意という高みにまで持ち上げるのです。「卑しむべき」人物が、いったん神のごとく台座に載せられてしまえば、非常に神聖で、他者の激怒を受け付けない存在になるのはあきらかです。理想化したほうの人物は、勘違いのうえにこう信じるようになります——自分は、こんなに神聖で完璧な偶像にたいして、敵意を感じる理由なんてなにもない――と。こうして自分の怒りを否定し、コントロールし、そのために、自分のもともとの目的――つまり自分の罪悪感と不安を減ずること――を一時的に達成します。しかし残念ながら、彼の、他者にたいする根深い問題――とりわけ、権威的な立場にある人間にたいする問題――は、長居し続ける可能性が高いでしょう。なぜなら、自分の真の感情を、意識のうえでは認識していないからです。

理想化が生まれる第二の根本原因は、情緒的剝奪を克服しようという追求に関わるものです。人が情緒的空虚感に直面すると、個人的な人間関係をとおして栄養を補給し回復したいという欲望が生まれます。情緒的空虚感が深刻なら、とにかく緊急に他者から栄養を獲得しなければと悩み苦しむでしょう。しかし不運にも、自分の個人的人間関係はわずかな満足しか与えてくれないと判明した場合、ストレスフルな心理的難局に直面するかもしれません。彼はあきらめて情緒的空虚感に身を任せるべきでしょうか、それとも、自分の個人的人間関係からより多くの満足を引き出すべく努力すべきでしょうか。実際はどちらにしてもひどく挫折感を味わうため、彼はまったく違った行動に出る可能性があります。それが理想化です。

情緒的に剝奪された人が、自分の心理的ニーズを他者に満たしてもらうことができない場合、たいへん気前がよく慈愛に満ちた他者を空想のなかで思い描くことで、少なくとも部分的には自分のニーズを満たすことになるでしょう。空想をとおして他者を英雄化することで、理想化した本人は少なくとも束の間、自分は救われ満たされると想像し、感じることができます。こうして、理想化は、精神的な不毛と寂しさというつらい感覚を減じるのに役立つのです。しかしながら心に留めておくべきなのは、この情緒的剥奪にたいする対処手段（理想化）があまりに過度に利用されると、おそらく理想化した本人の基本感情——情緒的空虚感と他者への嫌悪——への影響力はほとんどなくなっていくということです。

愛他的譲渡

防衛機制としての愛他的譲渡（altruistic surrender）については、アンナ・フロイト（Anna Freud 1895–1982）がその著作『自我と防衛』〔外林大作訳、誠信書房刊、原題"*Das Ich und Abwehrmechanismen*"〕のなかで説明しました。彼女は、文学上の悲劇的人物、シラノ・ド・ベルジュラック[訳注3]に言及してこの防衛機制を解明しました。劇作家のエドモン・ロスタンは、女性（ロクサーヌ）への愛を「愛他的に」譲渡しなければならない人物としてシラノを美しく描いています。なぜならシラノは、奇妙に醜い自分の鼻が、彼女に嫌悪感を抱かせるに違いないと愚かにも信じ込んでいるからです。この、根拠のない誤った思い込みのせいで、愛しいロクサーヌと両思いになる可能性など、彼は考えもしないのです（不幸にも、彼女をひどく見くびっているのです）。そこでシラノは、第一のライバルであるクリスチャンの愛の擁護者になろうと決心します。クリスチャンは結果的に、シラノの助けのおかげでロクサーヌの心を射止め、彼女と結婚します。シラノは、断腸の思いでロクサーヌへの愛を投げ出すにとどまらず、彼のライバルがすばらしい詩人かつ求婚者を装うのを手助けすることで、さらに悲しみを深めるのです。シラノはなぜ、このようにばかげたことをするのでしょうか。彼はたんにマゾヒストなのでしょうか。
シラノからクリスチャンへの「愛他的」な譲渡は、厳密に言えば、たいして愛他的でもないのです。要するに、片思いという報われない人生を生きる恐怖に必死で耐えるほうを、彼は選びたいのです。そして、ライバルをやたらに手助けしてこの芸当をやってのけます。ライバルは、シラノの代理として、ロクサーヌに求婚する役を果たします。シラノは一見、美徳と愛他主義の化身のようですが、実際には、なんの疑念ももたない代役の恋愛アドベンチャーをとおし、官能と愛の快楽を我がことのようにむさぼっているのです。こうした視点に立つと、愛他的譲渡の目的と働きがよりよく理解できます。この防衛機制を使うことで、情緒的充足を得られるのです。第一には、他者のニーズのために譲るという行為によって、そして第二には、譲渡した相手の快楽的達成を我がことのように味わうことによって。

そうなると、**愛他的譲渡**ということばが少々間違った名称であることがわかります。なぜなら、「譲渡する者」は、自分の情緒的なニーズを完全に譲り渡すのでもなければ、その意図において潔白でも愛他的でもないからです。

シラノと同じく、自分ではどうしても恋愛関係を築けない者が、他者の恋愛を熱心に応援しようと愛他的譲渡を行うケースは多くあります。たとえば、恋愛関係をうまく発展させられずに苦闘してい

（訳注3） Savinien de Cyrano de Bergerac（1619–1655）。フランスの剣豪、作家、哲学者、理学者。エドモン・ロスタン（Edmond Rostand, 1868–1918）の戯曲『シラノ・ド・ベルジュラック』のモデルとなる。

る人が、友達の縁結びに多大な情緒的エネルギーを注ぐようなケースです。友人の恋愛を巧みに計画し、世話し、護ろうとします。そうした人は、友人の恋愛を成就させるという追求をとおして、恋愛関係の詳細――とりわけ、ロマンチックな、あるいは性的な行為――にたいして極度の覗き見趣味を行使している可能性があるのです。

このもがき苦しむ人物は、友人の恋愛を知り尽くすことにより喪失と嫉妬というつらい感情を味わうでしょうが、こうして知らず知らずのうちに他者のことに熱心になり続ける可能性があります。なぜでしょうか。それは、実際に自分が失うよりも、代役として情緒的により多くのものを得るほうがよいと感じるからです。身近な者たちの心に秘められた思考や感情を知ることで、自分がその立場にいるさまを想像し、それにより、感情まである程度共有できるのです。愛他的譲渡がもたらす情緒的報酬にはどう見ても限界があるのですが、逆立ちしても満足な人間関係を構築できない者にとっては、落胆と失望という感情をやわらげるのに不可欠の緩衝材を提供します。多くの人が日々、自分のことなど放り出して、テレビのメロドラマのなかで起こる恋愛の成就と破綻とに熱心になる理由もこれで説明がつくでしょう。

知性化

人は不安になると――とりわけ聡明で教育のある人は――自分の感情を説明したり処理したりするのに、論理や概念、抽象的でややこしい無意味なことばを多用するという手段に訴えることがよくあります。このようにして不安を回避・解決しようとする方法は、知性化（intellectualization）として知られます。この防衛機制は、次のような例で説明できるでしょう。

どこから見ても知性あふれるある五二歳の女性は、最初の面接時、自分の教養や知識がいかに豊かなものかを私に印象づけようとしていました。本人曰く、彼女は、サディスティックで愛を受け入れてくれない男性と関わってしまう傾向があるとのことで、その点について私が尋ねるとすぐ、自分の恐ろしい父親について、よく系統だった論理的な説明を始めました。子ども時代の父親との関係を描写する洞察力と雄弁さとに、私ははじめ非常に感銘を受けました。そしてすぐに、このすばらしい人物は、自分の情緒的問題の原因を完全に把握しているだけでなく、実際、解決のすぐ手前までいっている……と確信し始めました。しかしそれから、思いもしなかった考えが浮かび、救われたのです。「彼女はこれほど見事に自分の心理的問題を理解しているのに、なぜひどく苦しみ、私のところに助けを求めに来たのだろうか」と自問している自分に気がついたのです。この難問を理解するには、患者にたいする私自身の情緒反応が非常に役立ちました。私は、彼女のいやに上滑りする半生の朗誦に、ひどく退屈していたのです。自分のこの反応にたいしては疑問を抱かずにいられませんでした。というのも、子ども時代になにを体験しどう感じたかという患者の話には、たいていいつも魅了されるからです。答えはすぐにひらめきました。この患者の披露する経験談には、いっさい感情がこもっていなかったのです。事実を提示しながらも、あるべき量の苦痛や感情が欠けていました。まるで、その大演説はリハーサル済みで、ほかのだれかとすでに議論し終わったかのようでした。

いままでに私以外の治療者とこの話をしたことがあるのか、私は尋ねてみました。すると彼女は、何人もの治療者と何度も話したことがある……と認めたのです。私はそれから、そうした議論がいままで役に立ったか、自分が変わる手助けになったかを尋ねました。「たいして役には立ちませんでした」と彼女は認めました。実際、彼女はこう続けたのです――「自分の過去についてのこうした形式的な独白は、死ぬほど退屈なのです」。そこで「実は聞いている私も退屈だったんですよ」……とは明かさずに、「あなたには、もっと差し迫った、気になる問題があるんじゃないですか」と尋ねてみました。すると、彼女はとめどなく涙を流しながら、夫がアルコールと女遊びとでいかに結婚生活をひどいものにしてきたかを話してくれたのです。治療を始めて数か月後、患者はふたたび自分の過去について語り始めましたが、以前と比べて大きな違いが見られたのは興味深いことです。子ども時代の経験を物語る様子には熱がこもるようになり、その結果、自分の過去をよみがえらせ再評価することが、彼女にとってあらたな情緒的重要性と有用性を帯びるようになりました。ちなみに当然のことながら、私はもう、彼女の回想に退屈しなくなっていました。

この例から、知性化が防衛として機能する理由がわかります。情緒的葛藤があまりにつらく直視できないとき、それを知的に説明する（そして、片付ける）ことで割り引いてとらえ、無害化できるのです。通常ならば、心理的葛藤は情緒的（かつ人間的）なことばでとらえられ、不安や痛みが経験されます。しかし自分のパーソナリティにたいして純粋に理論的・臨床的なアプローチをとると、少なくとも一時的には、そうした不安や痛みを遠ざけることができるのです。自身の感情を知的に突き放すことにより、人生は情緒的な意味で貧しいものとなりますが、反対に、実質的な利益を得られるのです。まず最初に、わずかながらも情緒的苦痛から離れ身を慣らしていき、次に、うまく勘違いして、自分は周りの人間よりも聡明で賢いと信じ込みます。そして最後には、自分はあきらかに世事に長けたすぐれた人物だと、多くの人たちに信じ込ませることにまんまと成功します。概して言えば、知性化を利用することで、自分の感情を中和しコントロールするのに加え、自分の傷つきやすさを感知してそれを利用する恐れのある他者をもコントロールするのです。

知性化を行う患者にたいして、なにか個人的に心配なことはないかと尋ねると、よく次のような答えが返ってきました。「そうですね、私の問題は大半がエディプス・コンプレックス的なものだと思うんです。これについて論理的によく考えてみると、自分のなかには、発達を阻害されている部分があるのに気がつきました。フロイトが七〇年前に提示したとおり、子ども時代の経験は大人になってからの葛藤の先駆となるのですね。だから、私の子ども時代のことを考えれば、治療者であるあなたと私のあいだに、多少の問題が起きるのはわかっています。でも、そうした問題は、投影と陰性転移とが顕在化したものだととらえられるよう、最大限努力しようと思います」。

知的な態度を気取る様子を少々誇張して書きましたが、治療ではときに起こることであり、この例からも、知的理解と情緒的理解との違いがよくわかります。人が、自分の葛藤を純粋に知的観点から把握しようとする場合、あきらかに、こうした葛藤はそのほんの一部分しか理解されず、そのせいでいつまでも尾を引くことになるのです。

私のまったく身勝手な選択によりここでは紹介しませんでしたが、防衛機制にはほかにもいくつか種類があります。分裂（splitting）、否定（denial）、疎外（isolation）、昇華（sublimation）、同一化（identification）（攻撃者への同一化も見られる）などです。このテーマに興味のわいた読者の皆さんはぜひ、防衛機制についてさらに十分かつ詳細に説明している文献を手に取っていただきたいと思います。

21 心理療法はいつ終わるのか

心理療法を始めようとするときに多くの患者が恐れるのが、治療が依存性をもつようになりいつまでも続いてしまわないかということです。ほかの患者の体験によれば、心理療法が何年にも及び、人生にとって代わるような話も聞くからです。そのため、治療が始まるときからすでに、「治療者への依存から、最終的にどう自分を解放するか」について悩む人もいるのです。

いっぽう、外的な要因により、治療の終結が適切な時期よりも早まってしまうことがあります。患者と治療者のどちらかが別の街へ引っ越すことになるとか、経済的に続けられなくなる場合などです。そうした不測の事態を防止するためにも、治療を終えようと考えている患者は、ふつう、多くのことを検討しなければなりません。

患者がなにより気にしているのが恐怖症や抑制、抑うつといった特定の心理的症状ならば、そうした症状を克服した時点で治療の終結を考慮するのもひとつでしょう。短期療法を受ける患者ならば、悩みの種となっている症状から目に見えて解放されたときに治療を終結させるのが一般的です。

精神分析のように長期間にわたる治療を受ける患者ならば、満足のいく自己理解に到達できたとき、日々の生活の要求に立ち向かえるようになったとき、他者とのあいだに比較的同等の、積極的で満足のいく人間関係を築けるようになったときに、治療の終結を考える場合が多いでしょう。少々別の観点から見れば、自分の人格の強度が、傷つきやすい感受性を明らかに乗り越えたときに終結を考えるのが適切なのかもしれません。

治療を受けて実際に「よくなった」からではなく、治療と治療者によって葛藤感情を引き起こされたせいで、治療を終わらせようとする患者もいます。そのような場合、「心理的に得るものがあり、よくなったようなので、終結することにした」と患者は考えるかもしれませんが、治療から逃げるほんとうの理由は、治療と治療者とにたいして起きる感情をどうにも扱いづらいからなのです。治療者と率直に議論してこうした感情に向き合うよりも、「自分は完全によくなった」というのを口実にして逃げ出すのです。ところが基本的な葛藤は解決されないままなので、そうした患者はしばしば治療に戻り、自分が中途半端に投げ出してしまったところから再スタートする必要があります。

いっぽう、未解決の心理的葛藤が激しいまま居座っているのに、治療の再開を拒む患者がいるのはたいへん残念なことです。彼らは、慢性的な情緒的苦痛と自己流で闘っていく道を選ぶことになるのです。

患者が治療を終わらせるのは患者自身の進歩がもたらす当然の結果であると考えれば、終結するかどうかの決定は、最終的には患者にかかっています。しかしそうした重要な決定については、ふつうなら、患者と治療者のあいだで徹底的に話し合うことが基本であり、その話し合いの内容に従って判断されるべきです。治療終結の計画は、患者と治療者のどちらからも切り出される場合がありますが、患者にとって、治療終結という経験について治療者とさまざまな感情をやりとりするのは有益なことです。終結の直前段階の治療は、豊かで洞察に満ちたものとなりえます。治療者との別れが差し迫り、喪失や取り残され感といった感情が刺激され深まりますが、患者はこうした経験を理解し、甘受する必要があるでしょう。喪失にたいする反応は人それぞれですが、長期間の治療を経験した多くの患者は、治療の終結に際して、愛する人に先立たれたときの哀悼の情に似た悲しみを感じるでしょう。

愛する対象の喪失は、抑うつを生む最大原因です。愛する対象の喪失による激しい悲しみの反応は、幼い子ども時代から一生涯続きます。愛する対象はさまざまなかたちをとりますが、一般には、自分自身の身体や、家族や友人といった親密な人物、ペット、そして、クマのぬいぐるみや大切にしている絵画などの無生物も含まれます。身体のパーツは、各個人にとって、当然ながら多くの情緒的重要性をもっているので、自分の身体の一部が傷ついたり失われたりすると、後悔と取り残され感とが引き起こされます。歯が抜けた子どもの枕の下にコインを置くという「歯の妖精に扮するお母さん(Tooth Fairy Mother)」の儀式のベースは、ここにあるのです。(訳注1) 長年伝統的に受け継がれてきたこの

(訳注1) 抜けた子どもの乳歯を枕やじゅうたんの下に入れておくと、夜のうちに妖精がやってきてお金に換えてくれるという西洋の言い伝え。ここでは、母親がその妖精の役をして、寝ている子どもの枕の下にお金を隠しておく慣習のことを指す。

慣習は、身体の一部分を失うときに当然感じる、喪失と悲嘆の感情を修復する必要性への理解がもとになっています。

もちろん、友人や家族といった愛する者の死もまた、悲嘆の感情をもたらします。そうした喪失は、重要な愛の源泉を失ったという意味だけではなく、故人が死という行為をとおして、自分にたいして拒絶の一撃を加えたのだ……といった憂うつを誘う考えも浮かぶからです。

喪失は、幼い子ども時代から繰り返し起こるありふれた経験であるため、人生の後期に被った個人的喪失が、子どものころの喪失の感情をよみがえらせることがよくあります。たとえば、幼いころに母親を亡くしたある女性は、母親の死には影響を受けなかったと話していましたが、何年もたって愛犬が事故死したとき、洪水のように押し寄せる悲嘆の情に襲われました。その感情の大部分は、最初のトラウマの衝撃から生まれていたのです。ある意味、大人の悲嘆反応はすべて遅延反応と言えます。大人になって遭遇した事件が直接の引き金となり、幼いころに起因する感情が露《あらわ》になったのです。

患者が長期間にわたって治療者と会っていると、幼年時代に愛する対象に向けて抱いていた情緒的な絆と類似した愛着を、治療者にたいしても抱くようになるのは珍しくありません。このため、治療終結によって治療者を失うことが、幼いころの個人的喪失を象徴し復活させることが多く、治療終結にたいする悼みの反応はさらに深まるのです。

治療終結に伴う悲しみと不安を背負い、患者は一時的に退行する場合があります。そのため、治療を始めたころとよく似た症状を呈することがありますが、こうした症状への回帰それ自体は、患者が心理的に危険な状態にいるとか、ほんとうは情緒的な「ふりだし」に戻ってしまったというわけではありません。もともとこうした症状を作り出していた基本的な葛藤は、徹底的に検討され、その大半は治療の初期段階で解決されているはずですから、こうした土壇場で出てくる症状はほとんどの場合、比較的短い時間で克服できます。

終結への反応として動揺や感情の激変が起こる場合、患者は治療者とともにこうした反応を探索し検証するという充実したプロセスを踏むことができます。治療者のもとを離れるにあたっての自分の感情を理解することで、個人的人間関係において離別が自分にもたらす影響について、非常に多くを学ぶこともできるのです。たとえば、治療を離れるにあたっての喪失感情を否定しようと患者がいつまでもストイックに努力する場合は、個人的人間関係が終わるときにも、後悔と奪われ感を否定しようとする可能性が高いと言えます。個人的喪失にたいする悲嘆の感情と自分とのあいだに壁を作ることにより、自分の個人的人間関係がもつ重要性を理解できなくなるのです。人間の経験において、喪失と取り残されることとは避けて通れないものなので、そうした自然な感情を否定したり拒否したりすると、疎外感と虚無感につながります。治療の最終段階は、患者が自分の悼みを表現し受け入れる無二の機会を提供し、自分にとって個人的人間関係が意味するものを深く理解するのに役立つのです。

多くの患者は、治療者と自分がともに歩んだ歴史を見直す価値ある機会として治療終結を利用します。ふたりにとっての最良の時期と最悪の時期、どちらもが再考され、評価されます。患者はこのときに、治療という経験にたいする満足と、そして落胆も表現することができます。

長期にわたって治療を受けた場合は、少なくとも治療終結の数か月前からそれについて話し合い、計画して、情緒的にこの経験を統合するための充分な時間をとるべきです。治療をいきなり終わらせるのではなく、徐々に回数を減らしていくやり方が非常に有益な場合もあります。実際の終結まで一定期間、二週間おきとかひと月おきに面接を設定することで実行できます。とにかくなにより重要なのは、終結プロセスをつうじ、この重要かつ差し迫った喪失が患者に与えることになる影響について、患者と治療者が徹底的に話し合うことです。

患者が心理療法を再開できるよう、治療者がつねに受け入れ態勢を維持しておくことも、健全な習慣と言えます。困惑や自責の念をもつことなく、自由に治療に戻れるのが望ましいのです。将来個人的な危機に遭遇した際、さらなる治療による支援が不要だとはけっして言い切れないからです。

治療終結時、患者は、自分が治療から受け取ったさまざまな利益のすべてを認識したり整理して考えたりすることはできないでしょう。しかし、治療という経験が終わってから数か月、もしかすると何年もたってから、治療によって得たものをはっきりと表現したり感じたりすることも珍しくないのです。こうした多くの患者にとって、治療者は――もう物理的には存在しないのですが――自分自身の重要で決定的な一部分であり続けます。心理療法から得られる自己充足感と報酬の多くはきわめて長持ちするものであり、重要な心理的意味あいにおいて治療という経験がほんとうに終わってしまうことはめったにないのです。

心理相談 Q&A

Q1 （心理療法を受けたいが） 心理療法を受けようかと考えているのですが、いったい心理療法ってなんなのでしょうか？　精神分析というのは？　治療はほんとうに効果があるのでしょうか？　それに、治療者を選ぶときにはどんな点を重視したらいいのでしょうか？

A　とにかくシンプルに言うなら、心理療法とは、人間心理学に関して専門的な訓練を受けた人間（治療者）と、情緒的性質の問題について助けを求めている人間（クライエント、患者など）とが相互に作用しあうプロセスです。ときに起こる曖昧さと挫折とに耐える意欲と能力がある人ならば、そのプロセス自体が情緒的な治癒であり、かつ、知的に贅沢な経験であることを正確に理解することができます。

ところで、関心のある読者のために申し上げますと、精神分析とは、一般に利用可能な多くの心理療法のなかのひとつです。精神分析では、患者はふつう、週に三回から五回面接を受け、分析者の姿が見えないようにカウチ（長椅子）に横たわり、自分の意識に浮かぶことをなんでもことばにするように促されます。そして、非常に高額な料金をとられるのがふつうです。内省的で、かつ、料金を工面できる人にとっては、すばらしい形態の治療です。

私は、治療者がもつべき資質として、次の点がなにより重要だと考えます。

1 **尊敬の念**　クライエントの人格的価値や、自分自身で選択する権利を尊重する能力をもっていること。

2 **共感能力**　他者の感情にたいして、正確に共鳴する能力。

3 **誠実さ**　治療における役割やテクニックを超えて、誠実であること。

4 **あたたかさ**　クライエントにたいして配慮、理解、心遣いを示す能力。

5 **忍耐強さ**　裁いたり、過度に単純化したり、邪魔したりせずに、注意を傾けて聴く能力。

6 **倫理観**　メンタル・ヘルスを扱う職業の倫理的原則に関して完璧な知識をもち、責任をもって遂行していること。

7 **ユーモア**　人間のもつ滑稽で不条理な面に気づき、それを伝える能力。

「心理療法は、その効果の面では良質の友情とたいした違いはない」と主張する批判派もいますが、穏やかな効き方からきわめて特異的なものまで、非常に多数の者にたいして効果があると言える実質的な証拠が存在します。もちろん、治療の効果を証明するのはふつう非常に難しいのですが、これは、心理療法を受けるクライエントが目指す目標が（たとえば、自尊感情・自信・希望を高めたいなど）、計測できるとは言いがたいものだからです。さらに事情を複雑にするのが、特定の心理療法経験による結果としてのクライエントの進歩を、いつ計測すべきか、その正確な時点がはっきりしないことです。結果を正しく特定するには、治療の途中、治療の直後、それとも、治療終了後何年もたってから、いずれの時点での進歩を計測すべきなのでしょうか。

治療に通ったことがあり、その助けによって利益を得た人を知っているなら、その経験についてどう感じているか尋ねてみてはどうでしょう。それで興味を感じるなら、どうぞご自分で試してみてください。結局、あなたにとって治療が効果的かどうかを診断できるのはあなただけなのです。

Q 2 （外傷後ストレス障害とは） 地震や戦争、レイプ被害などのあと、犠牲者は、外傷後ストレス障害（トラウマとなるようなできごとにさらされたあとに続いて起こる心理的および身体的一連の症状）に見舞われると聞きます。この障害について説明してください。

A レイプ被害、戦争、拷問、地震といった、情緒的にトラウマとなるできごとの犠牲者は、ふつう、外傷後ストレス障害（PTSD：Post-Traumatic Stress Disorder）として知られる、広範囲にわたる破壊的症状に苦しみます。

侵入思考

深刻なトラウマがあると、意図せずに何度も繰り返し起きる思考に妨害されて、ありふれた単純な仕事にも集中・理解できなくなるという反応がよく起こります。こうした厄介な思考のせいでトラウマとなったできごとそのものを思い出してしまうことも多く、そもそもトラウマとなるにいたらせた脅威的な力を克服するためであるかのようです。

多くの場合、こうした侵入思考（intrusive thoughts）は長く居座り、トラウマの犠牲者が従事する日常行動を妨害するうえに、まるで招かれざる夢魔のごとく、悪夢というかたちをとって睡眠中にも心に侵入してきます。そのため、慢性的な睡眠不足と肉体疲労の悩ましい原因となるのです。

フラッシュバック

トラウマの犠牲者は、物理的環境の突然の変化により、なんらかのきっかけで恐怖の原因を思い出し、予期しなかった深刻な情緒反応に苦しむことが珍しくありません。たとえば、激しい砲撃のなかで戦った兵士は、多少安全な市民生活へと戻った途端に、大音響の自動車に過剰反応を示すことがあります。また、恐ろしい地震被害を経験した人たちは、超重量トラックが家の近くを通り過ぎるときの無害な音や大地の震えにも、不条理に反応する場合があります。

一般に、地震のように心理的なトラウマとなる経験によって記憶や感情が過度にむき出しになると、物理的環境における非常にわずかで無害な変化も危険だと感知されるのです。

人格的脆弱性の感覚

「自分はけっして傷つかず、死ぬこともない」――たいていの人は、情緒的快楽をもたらすこうした幻想を、一度か二度は抱いたことがあるでしょう。しかしこの偽りの不滅の感覚は、ある日突然、地震などの恐ろしいできごとによって脅かされます。地震や戦争といったトラウマとなるできごとにより、私たちは「命はいつか必ず死によって終わる」という事実、そして、可能性はあまり高くないですが、「私たちは皆、突然の回避不能の大災害によって死ぬかもしれない」という事実を、まざまざと思い知らされるのです。

当然のことながら、そのようにはっきり認識することは、通常そうした考えを隠している私たちにとってはひどく恐ろしく、幻想を打ち砕くものです。

個人の価値体系の崩壊

人はふつう生涯をつうじ、きわめて一貫性のある道徳観や社会観を発展させます。こうした基本的価値観のおかげで、人生において本質的に重要なものはなにかを決定できるのです。多くの人々は、金銭的な富、地位、威信、権力を当然のごとく最重要とみなし、いっぽう、家族、友情、愛他主義、福祉といった社会的価値は軽視され、忘れ去られることもあります。ところが突然、地震、火事、テロ攻撃といった危機が起こると、命そのものの価値がにわかにあきらかになり、最優先となるのです。結果として、金銭、権力、地位といった社会的価値は、少なくとも一時的には、より多くの精査と再評価のもとにおかれます。そうした自己分析はある意味健全なものとなりうるので、よい方向への変化を起こせる経験として歓迎されるべきです。

サバイバーズ・ギルト（生存者の罪悪感）

災難を生き延びた者がその経験から離れる際には、直接的な安心感で満たされているものです。しかし、その安心感はすぐに、罪悪感と良心の呵責《かしゃく》とに取って代わられることになります。「こんなに多くの人が亡くなったのに、自分は幸せを感じたりしていいのだろうか？」生存者はそう自問し、だれもが嘆き悲しむべきときに、感謝の念やみずからの幸運を実感している自分を不合理にも責めることになります。自分が十分に悲しめないことにたいして罪悪感さえ感じ、最後には、非常に深い悼みや自滅的なふるまいへとつながります。

そのほかにも、ＰＴＳＤに関わる破壊的な症状としては、悲しみ、イライラ、他者と離れることにたいする恐怖、過去のトラウマや喪失の過剰想起、食欲増進・減退、就業上のトラブル、社会的ひきこもり、などもあります。大半の場合、こうした症状は最初のトラウマから三〜六週間のうちに収まり、ほとんど制御可能なレベルになりますが、この時期を過ぎてもまだ残っているようなら心理カウンセリングを行うのが適切です。

Q3（記憶困難に悩む） 私は大学生です。自分ではかなり頭も切れるしよく勉強していると思うのですが、何時間も勉強したあと本を閉じると、読んだ部分のほとんどを覚えていないのです。ほんとうに情けない思いがします。私はどうかしているのでしょうか？

A これは、学生には非常によくある問題で、ほとんどの場合、知性とはなんの関係もありません。日々の生活のストレスフルなできごとによって激しい情緒的混乱が引き起こされ、知的で実践的な仕事をしようとしても無意識に脇道にそれてしまうのです。あなたは自分では気づいていませんが、勉強の課題をこなそうとしているときにも、ほかのことを考えているのでしょう。両親との嫌気のさす口論について、あるいは、友人やバイト先の上司から最近受けた批判について……など、未解決の情緒的なことがらについて考えているのです。

場合によっては、学習障害が原因でよく集中できないこともあります。あなたはその可能性は低そうですが、大学内の適切なサービスを利用してそうした可能性も検討してみるのが一番かもしれません。

Q4　（薬物常習の友人）　クスリをやめると宣言した私の親友は、この数か月、アルコホーリクス・アノニマス（AA：Alcoholics Anonymous）とナルコティクス・アノニマス（NA：Narcotics Anonymous）のミーティングにも参加していますが、いまでもバリウムやマリファナでハイになって私の家に現れるのが私の悩みです。彼女はばれていないと思っていますが、私はただどう言うべきかわからないだけなのです。母親のような口ぶりで「またやってるの？」なんて言いたくありませんし、そんなことを言えば、彼女は怖がって逃げ出してしまうでしょう。こんなに彼女のことを心配しているのに、私は彼女にバカにされているのです。どうしたらいいでしょうか？

A　正直、ご相談の件は、なかなか扱いが微妙な問題ですが、解決不能というわけではありません。このまま友人のふるまいについてなにも言わないでいれば、彼女はいつまでもクスリに酔った状態で現れるでしょう。つまり、そのたびにあなたは情緒的試練に立たされるということです。そもそも、クスリで脳味噌が麻痺し、台無しになっている相手と会話をして、個人的に得るものなどあるでしょうか。だからこそ、まずあなたは自問するほうがいいかもしれません――もうとっくにひどいダメージを負っている友情のために、相手の自滅的なふるまいに耐える意味があるだろうか――と。

また、あなたが決意を固めて、「薬物使用には反対だ」と友人に宣言したとしても、あなたが彼女の母親役になるわけではないと知っておいてください。あなたには、友人として、彼女からよりよく扱ってもらうよう要求する完全な権利があります。友人がクスリでハイになって訪ねてくるとき、それは自虐的なふるまいであると同時に、あなたや彼女が意識しているかどうかにかかわらず、あなたへの虐待行為でもあるのです。あなたにはこのようなかたちの虐待を止めさせる義務があると、私は思います。

Q5 （食習慣の異なる交際相手との結婚） 私はベジタリアンですが、ガールフレンドは違います。これまで三年間はたいした問題ではありませんでしたが、いま私たちは結婚を考えています。私の悩みは、子どもができたら、この問題をどう解決したらいいかということです。彼女のほうはずっと、こう言っていました。「結婚したら私たちのベジタリアン・ライフも終わりにしなくちゃね。ハンバーガーやホットドッグのほうが用意が楽だし、子どもっていうのは野菜嫌いなものなんだから」。

A 筋金入りの肉食派である未来の奥さんと、アレチネズミのような食生活のあなたという組み合わせですから、子どもになにを食べさせるかでは少々妥協する必要があるでしょう。おもに実践レベルでの対処がお望みなら、子どものためにバランスのとれた食事を考案してもらえるよう、栄養士や栄養学者に相談するのがいいでしょう。栄養学者は、あなたと未来の奥さんが、子どもの健康と結婚生活そのものを危険にさらさないやり方で、それぞれの大好物を食生活に取り入れる方法をいろいろ提案してくれるでしょう。

別のアプローチとしては、子ども自身に食べたいものを選ばせる方法があります。子どもはだんだんと自分なりの食の好みを育て、自分にとってなにがよいことかを判断する能力も身につけるでしょう。あなたがたは適度に健全で愛に満ちた家庭環境で子育てするでしょうから、お子さんはきっと、あなたや奥さんの意向とは関係なく、分別をもって自分の食生活をコントロールすると思います。できれば、食生活に関し、お子さんにはある程度の自主性を与えてみてください。自主性という感覚は、それが食べることに関してでも、日常生活の別の面に関してでも、子どもの健全な成長と発達にとって非常に本質的なものですから。

最後になりますが、お子さんの食習慣が夫婦のあいだの深刻な諍いのタネになる場合は、夫婦関係において将来これ以外にも問題が起きてくる、あるいは、ふたりは結婚を避けるべき組み合わせだった可能性を示しているとみるのが適切かもしれません。だとすれば、ふたりの関係が無為なものになる前に、一緒にカップル・カウンセラーのもとを訪れるべきでしょう。

個人的意見を申し上げると、伝統的ユダヤ料理の美味なるコンビーフ・サンドイッチを食べられない人生なんて、なんの意味もないと感じますが。

Q6（虚言癖のある友人） いつも私に嘘をつく友人がいます。「嘘つき」と彼女を攻撃したり遠ざけたりはしたくないのですが、やはり嘘をつかれるのは嫌なのです。なにかアドバイスはありますか？

A まず、自問してみてください。自分でも知らないうちに、彼女が嘘をつくように仕向けているということはないでしょうか。嘘をつこうという衝動はしばしば、恐怖と疑いによって刺激されます。あなたの友人が、「ほんとうのことを言ったら、あなたから批判されるだろう、敵意をもたれるだろう」と感じている場合、彼女は自己防御の手段として嘘をつくという行為に訴えている可能性があります。

しかし、彼女の嘘と、あなたの行動や態度とにはほとんど関係がないとはっきりしている場合、とるべき選択肢は複数存在します。第一には、友人にたいして「嘘をつかれているのはわかっているし、そうしたふるまいにたいして残念に感じ、腹も立ててもいる」と伝えるという選択があるでしょう。ふたりの関係のためには、なぜ嘘をつくのか彼女に説明を求めるべきです。そうした話し合いはふたりの関係を強固にするのに役立つでしょうが、もしかすると、つきあいが終わる原因になるかもしれません。しかし、あなたの友人の（嘘つきという）傾向を考えれば、それは悲劇とも言えないでしょう。

こうした話し合いをしても、なお友人が嘘をつき続けるなら、不愉快な認識と向き合う必要があるかもしれません。つまり、彼女はたんに難治性の嘘つきであるということです。結果的にそうした残念な結論にいたるなら、この関係を維持するのが自分にとってほんとうに価値のある有益なことなのか、自問するべきときでしょう。

Q7 （男性との自滅的関係をくりかえす） 私は、自分のことをあまり大事にしてくれない男性と関係をもつというパターンに入り込んでしまっています。これはまったくの不運や偶然の連続でしょうか、それとも私にはなにか心理的な問題があるのでしょうか？

A 男性との自滅的な関係に何度も陥ってしまい、それに耐えているなら、実際に心理的な葛藤や脆弱性と闘っている可能性が高いでしょう。多くの場合、そうした問題は自尊感情の低さから生まれます。あなたが自分自身を十分に評価できないので、あなたの価値をおとしめるような男性を見つけ出し、その相手に耐えている可能性があります。

こうした問題の多くは、自分にたいする感情や態度というものが生まれ発達する人格形成期（子ども時代）に端を発します。自分をひどく過小評価する人は、子どもを適切に尊重できない親に育てられた場合が多く、自分が他者から虐待されても、それを本来受け入れるべき運命だと考えるようになりがちです。この説明があなた自身に当てはまると感じるなら、よりよい自尊感情を得るために心理療法を受けることを検討してみてもいいかもしれません。

Q 8 （いつも落ち込んでいる友人へのアドバイス） いつも落ち込んでいる友人がいます。私には、彼女の人生はすばらしく見えるので、元気を出すように、自分がもっているものに感謝しなくちゃ……と励ましています。こうしたアドバイスは適切でしょうか？

A はっきり言って、よくありません。落ち込む必要がないように見える人でも、多くは、実際にきわめて妥当な理由があって悲しんでいるのです。物質的な優位と快楽のおかげで前向きな展望が生まれる場合もありますが、抑うつの治癒に関してはたいして役に立ちません。抑うつは、罪悪感と自尊感情の低さからもたらされることが多いため、奇妙に聞こえるかもしれませんが、成功や達成によって悪化してしまうのが実際なのです。

「元気を出して。自分が恵まれていることに感謝するべきよ」といったことばで友人を励ますのがよくないのには、ふたつの妥当な理由があります。第一に、そうした間違った決め付けによって、彼女の自分自身に関する根深い感情は否定され、気分はさらにひどくなるからです。第二に、いかに善意から出たものとはいえ、あなたのコメントは無神経だととられるでしょうし、それももっともだからです。そのせいで、彼女との関係性に深刻な不和がもたらされるかもしれません。

彼女が落ち込んでいるとあなたも残念だということ、そして、彼女の失望の理由は理解できなくても、そうした感情には妥当な理由があるに違いないとあなたが確信していることを友人に伝えて、わずかでも様子が変わるか試してみてください。そして、友人として、あなたの抑うつを解決し克服できるよう手伝いたい……と伝えてください。それでもうまくいかなければ、心理療法家の助けを求めてみたらどうかと提案してみるのが賢明かもしれません。

Q9 （解離性同一性障害とは） 友人は、自分の妹は解離性同一性障害（MPD：Multiple Personality Disorder）だと言います。妹さんはふたつのパーソナリティをもっている、というのです。私はその両方の「顔」を見ましたが、彼女は演技をしているのではないかと感じています。解離性同一性障害とはなんですか？　どれくらいの割合で見られるのでしょうか？

A 解離性同一性障害は、かつてはきわめて珍しいとされてきましたが、一九八〇年代以降、診断数が非常に増加しています。増加の原因が、この障害に苦しむ個人の数が実際に増えているからなのか、それとも、臨床医や研究者がそうした診断をくだす際の知識や迅速性が高まったからなのか、私にはわかりません。私自身は、何年にもわたり非常に多数の患者にたいして心理療法を施してきましたが、自信をもって解離性同一性障害だと診断できる患者と出会ったのはほんのわずかです。

この診断は、人格構造が破壊されてふたつまたはそれ以上の自我に分裂してしまう者にたいしてくだされるのが通常です。分裂し、統合されていない自我はときに、「交代人格（alters）」と呼ばれ、典型的事例では、お互いのことをほとんど、あるいはまったく認知していません。複数の交代人格はそれぞれ、分離された自我の固有の面を形成しているように見えます。それゆえ、道徳観や社会的行動においては、互いに鮮やかな対照をなしていたり、矛盾していたりすることもあります。研究者たちは、この障害を、大人になって不適応となった被虐待児の生き残り戦略として定義づける傾向があります。

もちろん私には、あなたの友人の妹さんがほんとうに解離性同一性障害を患っているのかどうかはわかりませんが、疫学的確率から考えて、その可能性は非常に低いと思います。日々、気分や環境によってきわめて異なる「顔」を見せる人は多いものですが、だからといって解離性同一性障害と診断されるに値するわけではありません。たとえば、抑うつのサイクルが激しい人たちの多くは、ある日は非常に憂うつな様子だと思っても、次の日には意気揚揚としていたりします。こうしたさまざまな顔は、必ずしも異なる交代人格やパーソナリティというわけではなく、同一の自我の対照的で統合されていない部分が、外側に向けて表現されているだけなのです。

ところで、あなたの友人の妹さんの「さまざまな顔」は必ずしも作り物ではありません。そんなふうに友達がいのない仮定をするより、私なら、もう少しよく状況を検討すると思います。

Q10 (交際相手の子どもじみたふるまい) 彼氏とはとてもうまくいっています。ただ、彼は自分の男友達と一緒にいるとき、うんざりするような行動をとるのです。人をけなしたり、人種的偏見に満ちたことばを使ったり、子どもじみています。彼はもっと成長してくれるでしょうか？

A 彼氏の行動は子どもじみているというあなたの判断はきわめて正しいですし、彼の行動に疑問と反発を感じていること自体、あきらかにあなたの名誉でもあります。一緒に過ごしているかぎり、その友人たちの社会的価値観や態度によって、虐待的で差別主義的なことばが育まれるのは間違いありません。残念ながら、自分とは別の民族や人種集団に属する人間に罪を着せてバカにできるときにだけ、男らしくタフになった気になる男性は多いのです。こうした子どもじみたふるまいのおかげで、ほんとうは劣等感に悩んでいるのに、自分には十分な能力があり人よりすぐれているという間違った感覚を得られるのです。

あなたの彼氏がこうした未熟さから「脱皮」できるかどうかは、いくつかの要因にかかっています。たとえば、彼の人種差別主義はパーソナリティの一部に深く根ざしたものでしょうか、それとも、仲間からの承認を得るための、一時的で幼稚なポーズの典型でしょうか。もし前者なら、残念ながら、見込みは少々薄いかもしれません。

彼氏の頭を冷やすことのできそうな手段としては、まず、彼の差別的な罵詈雑言《ばりぞうごん》のせいであなたがひどく傷つき不快になると知らせることです。それから、「ほんとうに私のことが好きで尊重してくれるなら、自分の品位を下げるようなナンセンスな言動はやめてちょうだい」と提案してはどうでしょうか。おっしゃるとおり、ふたりは基本的にうまくいっているのですから、あなたの側でそうはっきり言えば、もっと思いやりのある成熟した態度を身につけることの大事さに、そのうち彼が気づくかもしれません。なにより、あなたが彼の人間性についてどう思うかは、長い目で見れば、男友達の意見と同じくらい、もしくはそれ以上に彼にとって重要なはずではないでしょうか。

Q 11 （怠惰な自分） 試験勉強や学期末レポートなど、やらなければいけないことをどうしてもずるずると先に延ばしてしまいます。私はたんに怠け者なんでしょうか、それともほかになにか原因があるのでしょうか？

A やるべきことを先延ばしにするのは、すべての年代の学生に共通して見られる問題です。多くの学生は、この問題を怠惰さや愚かさ、あるいは、たんに一連の悪癖だと考えますが、それは間違いです。

より深く、より力動的なレベルで言うと、この問題は通常、外部から課された不快な要求に取りかかることにたいして、無意識的に抵抗を感じたり気が進まなかったりするために生まれます。典型的な先延ばしタイプの学生は、講師から課題を出されると、意識上では、遅れずにその課題を達成することの重要さを認識していますが、無意識レベルでは、その学究的課題にたいして即座の反抗をもって反応するのです。その学生の無意識的感情をことばにすれば、こうなるでしょう。「もちろん来週までにこの課題を完成させなくちゃならないけれど、だれもぼくに、いつこの課題を終える必要があるかなんて言いはしない。やる気になったときにやればいいのさ。それよりも、ほかにやりたいことがあるんだし」。

こうした無意識的な態度のために、典型的先延ばし学生は、絶対に必要になるまで（つまり、試験や期末レポートの締切前日になるまで）課題に取り組みません。あなたが先延ばしタイプなら、それは怠惰というよりも、不安や怒りという抵抗なのだと認識するほうが有効かもしれません。

Q 12 （アルコール依存症について） 姉は、私がアルコール依存症だと言います。年に数回は飲みすぎることもありますが、毎日飲んでいるわけではありません。家族の集まりだと飲みすぎるきらいがあるのはわかっています。そんなに深刻な問題でしょうか？

A お手紙には、あなたのお酒の飲み方がどんなふうかあまり詳しく書かれていないので事態の深刻さを評価するのは難しいのですが、だいたいの内容から見て、まじめに考慮すべき理由がありそうだと考えます。

まず第一に、手紙によれば、お姉さんはあなたをアルコール依存症だと考えているとのことですね。お姉さんの客観性と判断力をあなたが完全に信用しているなら、お姉さんには、あなたをアルコール依存症だと呼ぶ妥当な理由があると考えるべきでしょう。アルコールその他の依存的問題がある人は、自分の行動の深刻さを否定したり低く見積もったりするものなので、その自虐的な行為をより客観的に見られるのはたいてい親しい友人や身内なのです。

あなたは年に数回だけ飲みすぎる、また、家族の集まりで酔うことが多いとのことですが、家族の集まりにはめったに出ないというのでないかぎり、いいようにとらえても、矛盾していて自分に都合のいい解釈と言えます。問題はすでに深刻な状況に達していて助けが必要なのに、あえてそれを小さく見せようとしている例の典型のようです。

米国の統計によれば、大学生の年代の男性約一五パーセントと、女性五パーセントがアルコール依存症を病んでいます。また、同年代の男性一〇パーセントと女性六パーセントが、依存症にはいたらないがアルコールの過剰摂取による影響に苦しんでいます。あなたがこのどちらかの集団に完全に属している気がするなら、ＡＡに参加するなり、心理療法を始めるなり、なにか対策を講じてくださいいますぐにです！

Q13 （躁うつ病について） ある人間が躁うつ病の症状の大半を呈した場合でも、精神的な病気でない可能性はまだ残されているでしょうか？　躁うつ病の原因となる化学的不均衡は、どうして引き起こされるのですか？　また、躁うつ病はふつう、何歳ぐらいで現れますか？

A　この特定の精神疾患を実際に患っていない場合でも、躁うつ病のほとんどの症状を呈する可能性は十分にあります。たいてい、躁うつ病の確定診断には徹底的な精神医学的検査と、血液検査が必要となるでしょう。

私の知るかぎり、躁うつ病を発症させる化学的不均衡を生む特定の触媒は同定されていません。一時、メンタル・ヘルス分野では、躁うつ病は二十代で発症するものだと考えられていましたが、現在は、思春期に表面化する場合もあると知られています。

Q14 （アジア系男性の性向） 私はアジア系人種です。われわれアジア人男性は、同じアジア系の女性にたいして我が物顔だとか威張り散らしているとかいう非難を浴びるのはどうしてでしょうか？

A 「選択的文化変容と交際プロセス――中国人と白人の人種間交際のパターン（Selective Acculturation and the Dating Process : The Patterning of Chinese-Caucasian Inter-Racial Dating）」と題された研究では、中国系アメリカ人女性の多くが、中国系アメリカ人男性との結婚に屈辱的なイメージをもっていることがあきらかにされました。中国系アメリカ人女性によると、中国系アメリカ人男性と知り合うときに交わす軽い会話はそもそもが表層的で、ありふれた文化的経験について同じことを何度も繰り返す傾向があると報告されました。この研究の対象となった女性の多くは、男性は自己中心的（自分のことばかり考えていて、自分の権力拡大にしか興味がない）で、デートでは、女性を対等のパートナーと見ていることは少ないと考えていました。

この論文の著者であるメルフォード・S・ワイス（Melford S. Weiss）の指摘によると、中国系アメリカ人男性が「不当な非難」を受けているのは事実だろうということです。彼が見ているとおり、中国系アメリカ人女性の大半は白人社会で生み育てられ、米国のマス・メディアの、ある種布教的な影響を受けており、意識的にも無意識的にも米国的な人種のステレオタイプを多く受け入れています。さらにワイスによれば、彼女たちはそのステレオタイプにある程度の妥当性があると考え、行動しているのです。

つまるところ、あなたの質問にたいする答えは私にはわかりません。いわれない非難を受けているのはだれ（どちら側）なのか、その決定は、あなたとあなたのガールフレンドに任せましょう。ただ、あなたの質問のなかのフレーズで、アジア人男性のアジア人のガールフレンドのことを「**かれらの女**

性（*their women*）」と書いているのはいかにも皮肉ではありませんか。あなたがこの所有代名詞を使っていること自体に、あなたの質問にあったようなきわめて狂信的なふるまいがフロイト的に暴露されていると考えてもいいでしょう。

Q15（ペットとの死別） つい先ごろ、私の犬が死んでしまいました。ほんとうに悲しくてしょうがありません。友人たちは、もう立ち直ってもいいころだと言います。そのうえ、「たかがペットじゃないの」とまで言うのです。そして、代わりに別の犬を飼ったらどうかとアドバイスします。先生のアドバイスはどうですか？

A 愛するペットを喪うということは、深い悲しみに襲われうる非常に大きなできごとです。ペットにたいする私たちの愛着・愛情は、人間の資質のうちでもすばらしいもののひとつであり、亡くした犬にたいしてあなたが抱いている悲しみは、あなたの愛情の深さを映しています。友人たちが「たかがペット」などという言い方であなたの気持ちを矮小化するのは非常に残念です。

この喪失から回復するまで、もう少し時間をとりましょう。そして、いい頃合いだと感じたら、出かけて行って新しい犬を探しましょう。あなたは、ペットにたいしてすばらしく愛情豊かな家庭を与えられる種類の人なのです。

Q16（かつての交際相手との決別に迷う） 別れた彼氏から、よりを戻そうと言われています。私のなかには、自分の生活から彼を締め出したいと感じている自分と、また一緒に過ごしたいと感じている自分がいます。どうしたら決断できるでしょうか？　どうするべきか、どうしたらわかるでしょうか？

A　あなたが元カレと別れたのにはそれなりの理由があったと確信しているなら――あまりに冷たい人だったとか、あなたを利用していた、不誠実だった、あるいは、ただたんに死ぬほど退屈な人だったのかもしれません――人生から彼を締め出したいと考えているほうの自分の声を聴くべきでしょう。もう一方の、より依存的なあなたは、もっと孤独か、あるいは罪悪感を感じていて、彼との関係を終わらせた本来の目的を見失っているのでしょう。別れの感情をどうにかするためだけに不健全な関係に急いで戻ることは、ふつうは賢い選択ではありません。喪失から癒され、回復する時間をとってください。そうすれば、もっと気に入る新しい恋人を見つけられるでしょう。

Q17（交際相手を認めない両親） 交際を反対している両親に、彼氏を紹介するベストな方法を教えてください。

A　親というものは、パートナーに関する子どもの選択にたいして、さまざまな理由で反対を示す可能性がありますが、そのすべてが必ずしも論理的で健全とはかぎりません。残念ながらどう見ても、子どもがつきあうと決めた相手ならだれでも反対することにしているような親もいます。また、子どものパートナーの外見や民族性、年収の見込額などにいやにこだわる親もいるでしょう。もちろん、反対を示すもっともで合理的な理由が存在する場合もあります。子どものパートナーに、あきらかに不快な資質または恐ろしく不適当な資質が見られるときなどです。

できれば、彼氏を紹介する前に、気になっていることをご両親と話し合ってみてください。あなたがなにを言ったところでご両親は彼を認めない場合もあると、心に留めておいてください。それから、ご両親が認めないという事実を受け止めるか、あるいは、彼氏との関係をあきらめるかというタフな選択に立ち向かってみてはどうでしょうか。覚えておいていただきたいのは、自分の親も含めて、他者の否定的意見をうまく取り扱えるようになることも、成長し成熟するというプロセスの一部だということです。

Q 18（HIV陽性の男性とつきあっている友人）　私の友人は、HIVポジティブの男性とつきあっています。そのことについて話そうとすると彼女は頑なになり、セーフ・セックスを実践していると言い切るのです。でもやはり、私は友人の心身の健康が心配なのです。彼女にどう言ったらいいでしょうか？

A　ご存じだと思いますが、エイズは、避妊具を使わないセックスや、皮下注射針の共用によってウイルスが運ばれ、感染します。あなたの友人のいうセーフ・セックスというのが、ちゃんと性的に自分を護っているし、注射針も相手と共用していないということなら、彼女は切迫した危険にさらされているわけではないでしょう。

彼女のむきになった態度は、安全なセックスをしていない証拠とあなたが感じるなら、率直に心配を話してみましょう。また、彼女の住む地域のエイズ・ホットラインに電話すれば、匿名で、有効なアドバイスが得られると伝えてみるのもいいかもしれません。

Q 19（内気な性格を克服するには）　私は根っからの引っ込み思案です。この内気さを克服するにはどうすればいいですか？

A　ほとんどの人は、ある程度内気なところがあるものです。一対一の関係だと内気になる人もいます。たぶん、権威のあるポジションにいる人が相手だと、なおさらでしょう。また、たくさんの人の前でスピーチやプレゼンテーションをするときにひどく緊張するのも、きわめてふつうです。偉業を成し遂げたときや、賛辞を受けたときに非常に恥ずかしく感じる人も多いものです。

人間は皆生まれつき内気なわけではないと認識することが大事です。たいていは、人格形成期の子ども時代にこの傾向を身につけます。ときに、自分の内気さを克服するのは非常に難しく、苦しいことさえありますが、ほとんどは克服できることを理解し、希望を失わないことが重要です。一度に少しずつ自分を主張するよう努力し、ほんの少しの進歩も高く評価するようにしましょう。

Q 20　（大学の先生への恋心）　大学の数学の先生に恋してしまいました。どうしたら恋の炎をうまく消せるでしょうか？

A　指導教官にたいして強い愛着や心酔を抱く学生は少なくありません。知性やカリスマといった、指導者が実際に備えている好ましい資質に魅かれてこうした感情が生まれることもないわけではありません。

しかし多くの場合は、親《おや》的な存在の人物と親密な関係を築くことにたいする必要性から、指導者に

「惚れこんだり」、理想化したりするのです。ある特定の指導者に心を奪われているなら、あなたを夢中にさせるその指導者にはいったいなにがあるのか、自問してみてください。そして、なぜそうした資質があなたの興味をかきたてるのかを考えてみてください。ところで、その指導者の、あなたがもっとも魅かれる人格的資質は、あなたが自分自身に欠けていると感じる資質と同じである場合があります。つまり、指導者のような親的な存在から力を得て尊敬を引き出すことで人格的欠点を克服したいという思いがあり、そのせいで相手に魅力を感じているのかもしれないのです。とにかく、セルフ・コントロールと分別とを極力駆使してください。

Q21（シングル・ファーザーの育児） ぼくは夜間大学の学生です。ぼくのガールフレンドは最近、三か月になるぼくたちの息子の世話を押し付けて出て行ってしまい、自分の両親と住んでいます。ぼくの友人や家族は、子どもには、情緒的ニーズを満たしてやるために母親が必要だと言います。ぼくには、息子をちゃんと育て上げるのに必要な母性本能があるかどうかわかりません。どうしたらいいでしょうか？

A 純粋な意味の「母性」本能というものが存在するのかどうか、私にはまったくわかりません。ふつう、子どもの情緒的ニーズは、（両）親が適切に首尾一貫した世話と慈しみを与えれば、十分に満たされます。多くの男性は、子どもの福祉を促進するすばらしい能力をもっているので安心してくださ い。

もしあなたがほんとうに、自分はきちんと世話をし、子どもをかわいがる親だと感じているなら、他人に「そうではない」と説得されてはいけません。しかし、もし親としての自分の能力に深刻な疑いがあるなら、息子さんの将来について重大な決定をくだす前に、サポート・グループに参加したり、個人カウンセリングを受けたりするほうが、あなたのためになるでしょう。

Q22（異教徒の彼女との将来） ぼくはカトリック教徒で、彼女は正統派ユダヤ教徒です。信仰する宗教の違いという問題をどう扱ったらいいでしょうか。子どもについてはどうでしょうか？

A 信教の相違があるにしても、共通の、あるいは共存可能な道徳的価値観を共有する方法は無数にあるはずです。あなたがたふたりを待ち受けている第一の試練は、過剰な葛藤や辛辣さを持ち込まずに、お互いの宗教的信念を尊重しあえるかどうかです。

宗教的バックグラウンドが大きく異なる夫婦は、一般に、次の方法のいずれかで子どもを育てます。（a）宗教的訓練や教育はいっさい受けさせず、子どもが大人になったときに、宗教については自分自身で決心するだろうと期待する。（b）双方の教えや教義を熱心に話して聞かせ、その違い、共通点、互いの矛盾点などをうまく納得できるよう説明する。（c）家庭では、どちらか片方の親の宗教をメインにする。両親の信教の違いを扱うのにどんな方法がすぐれているかを示す研究については、私はまったく門外漢です。

Q23 （けんかをして帰ってきた息子への対応） 初めてけんかをして学校から帰ってきた息子に、「ぼくはどうすればよかったの？」と聞かれたら、私は親としてなんと言い、どうしてやればいいでしょうか？

A まずはただ息子さんを慰めてあげてください。けんかをするというのは、恐ろしく、屈辱的な経験です。お子さんが、ひどくやっつけられてしまった側ならなおさらです。「ひどい目にあった」という息子さんの思いに共感を示してください。そのときに、相手にたいして好戦的・復讐的な態度をとるようそそのかしたりしないことが大事です。時間がたてば、息子さんは、あなたのアドバイスや直接的な介入がなくても非常にうまく自分を護れるようになるでしょう。もちろん、けんかが長引いて深刻化する場合は、学校の責任者や相手の両親と話し合うなどして直接的に介入する必要があるかもしれません。

Q24（いつまでも私を子ども扱いする母） ひとりの大人として母と話そうとしても、母は私を一二歳の少女のように扱うのです。どうしたら、私を成熟した大人として受け入れてくれるでしょうか？

A 大人になった娘や息子を子ども扱い（赤ちゃん扱い）する親は多いものです。これは、自分の重要性を膨れ上がらせるためであることがほとんどです。あなたはもう一二歳の少女ではないのですから、こうした扱いは非常に侮辱的と感じるでしょう。

自分はお母さんのひどい扱いにたいして腹を立てているのだと、きっぱりと言う必要があるかもしれません。あなたの努力にもかかわらず、お母さんが屈辱的な接し方をやめないなら、もっと尊重される権利があると率直に主張する必要があるでしょう。もちろん、お母さんにとっては、あなたを永遠に無力な幼児として見ることに、深く動かしがたい利益があるのかもしれません。もしそうなら、お母さんの歪んだ態度を変えようとするよりも、あなたのエネルギーの大半を、自分自身を成熟した大人として受け入れることに注ぐのが一番でしょう。繰り返し、かつあまりに熱心に母親の尊敬を得ようとすると、かえってあなたの未熟さを表しているとお母さんはとらえるかもしれないですし、結果として、さらにあなたをおとしめようという気になるかもしれません。

Q25 （好きな男性をデートに誘うには） いいなと思っている人がいて、彼の電話番号もわかっています。連絡して、どこかに出かけようと誘いたいのですが、きっかけがつかめません。

A あまりよく知らない相手をデートに誘うという大冒険に挑むとき、多くの人は不安に感じるものです。そうした挑戦を前にして感じる不安は、時間がたつとますます大きく、ひどくなることがありますから、都合がつけばできるだけすぐに電話をするのがいいでしょう。この不安のモグラ塚がヒマラヤ山脈ほどの大きさになってしまう前にです。

また、その男性とどんなデートをしたいか、前もって計画しておくのもいいかもしれません。それから、彼がＯＫしてくれるとして、最初のデートに役立つ提案を用意しておくほうがいいでしょう。当然、彼にも時間や場所を提案する機会を与えましょう。もし電話をかける声が少し震えてしまい、自分の名前さえ思い出せなくなっても、そんなことでがっかりしたりくじけたりしてはいけません。彼はたぶんわかってくれますし、わかってくれないようなら、デートする価値のある男性ではありません。

Q26（先生への思いをどうすれば） 私は大学の先生に夢中です。行動を起こすべきかどうか迷っています。私たちは同じ大学にいますが、ふたりの年の差と、噂が広まることがなにより気になります。先生も私のことを好きだと思うのです。どうしたらいいでしょうか？

A 学生と指導者とのあいだのつきあいや恋愛関係は、厄介な問題になりえます。たとえば、学生と個人的関係をもつことは、一部の指導者にとって、職業的客観性（学校によっては仕事そのもの）を失う原因となります。また、ふたりのあいだの愛情のせいで、その学生の情熱を学術的にどう評価するかが影響を受ける可能性もあります。さらにあなたの言うとおり、学生と指導者とのあいだの個人的関係はクラスメートに感づかれる場合が多く、ひどい噂話が広まることになりかねません。

ほんとうにその指導者にたいする思いを鎮められず、今後起こりうる多くの危険にも自分の身を投げ出そうという気なら、その指導者に、ほんとうにあなたの気持ちに報いられるのかどうかこっそり尋ねてみてください。あなたにたいする関心が、厳密に師弟関係以外のなにものでもないと言われる可能性もありますよ。

Q27（文化的背景の異なる相手との交際） パートナーと私の文化的バックグラウンドが違い、相手は私の文化に関わるつもりはないと言うときは、どうしたらいいでしょうか？

A あなたが、自分自身の文化に自負をもっていると仮定すれば、パートナーの冷たい態度は、ふたりの関係とあなたの自尊感情に間違いなくダメージを与えるでしょう。パートナーが、あなたの文化に「関わる」ことを拒否するのは、頑なさのサインなのか、ただの無視なのか……あるいは両方でしょうか。どちらにしても、あなたが、自分の文化について知っていること、価値があると感じることをわかちあうことで、相手の文化的偏見を克服できる場合もあります。

それがうまくいかないなら、パートナーは懐の狭い大間抜けで、彼との関係を維持すべきかどうか考え直すときかもしれません。どちらにしても、自分の文化的遺産を手放してまで相手を味方に引き入れたり喜ばそうとするのはよくありません。そうした考え方は、トラブルのもとになるのがほとんどです。

Q28 （内気で自信に欠ける友人） 友人はひどく内気で、自信に欠けています。私は彼女を褒めたり勇気づけたりして、人生でより多くのことを成し遂げられるように手伝おうとしていますが、彼女はいつも、私のそうした努力をはねつける言い訳を見つけるのです。彼女が自分の価値を認識できるようになるには、彼女か私のどちらが、なにをすればいいでしょうか？

A 消極的な友達にたいするあなたの心配は、もちろん嘘偽りのないもので、ほんとうに感心させられます。しかし、いい人でいたいというあなたの熱い思いのせいで、自尊感情の低さに苦しむ人間を助ける際に発生してしまう、ある種の心理的障害とコンプレックスを見過ごしている可能性があります。人間の自尊感情は、子ども時代にもっとも大きく育まれます。少々極端な言い方をすると、子どもが家庭のなかで承認・尊重・肯定を受け取ると、ふつうは、信頼と自尊感情とともに自分自身を価値ある者としてとらえるようになります。ところが、極度の軽視・価値の切り下げ・蔑視を受けた子どもは、自己感覚の危うさ・過度の社会的消極性・率先力の欠如とを伴って成長する確率がかなり高くなるのです。

あなたが心から友人のことを褒め称えると、そうして相手を喜ばせることが、かえって彼女の低い自己概念と衝突してしまう場合が多いのです。残念ながら、この衝突によって必ずしも彼女の自尊感情は育まれません。すでにある種の自己価値感覚を欠いている彼女は、あなたの賛辞にたいして「庇護者ぶって私をだましている」と感じるかもしれないのです。自分には価値などなく、あなたは勘違いしているに違いないこと、あるいは、自分の機嫌をとろうとあなたが嘘をついていることを、心の底では、「わかって」いるからです。

事態をさらに悪くするのは、彼女の自我をテコ入れしようというあなたの心からの意志に彼女が感謝するとしても、あなたの努力のせいで、彼女自身はますます落ち込んでしまう場合もあることです。なぜなら、彼女を向上させたいというあなたの希望や期待を満たせないのがあきらかだからです。逆説的ではありますが、友達が自分の真の価値を見つけ出す手助けがしたいというあなたの強い思いと努力も、あなたを落胆させ続けていると彼女が感じてしまうなら、かえってその自尊感情を低めることになるのです。

私の提案は、友人の内気さや社会的な意味での能力不足を変えようとするよりも、しばらくのあいだ、それを受け入れる努力をしてみてはどうか、というものです。あなたにとってそれがどんなに苦痛でストレスフルでも、あるべき人間像になれないことも含めて尊重するのは、友人にたいする承認を示すすばらしい方法です。きわめてよくあることですが、心理的欠点なども含めたありのままの相手を受け入れると、自分は変わり成長しなければいけないというインスピレーションを確実に相手に与えることになります。このうまいアプローチを試してみてください。そしてなによりも、忍耐強くなってください。

Q29 （肛門性格とは） 「肛門性格（anal retentive）」ということばの意味を教えていただけますか？　最近、このことばをよく耳にします。だいたいの意味は想像できますが、詳しく説明してもらいたいのです。

A 肛門性格ということばが、日常会話にそれほどよく使われているとは非常に興味深いです。このことばを使う人のほとんどは、肛門性格という人格概念がジークムント・フロイトによってかなり以前に作られたものだということはきっと知らないでしょう。

フロイトの仮定によると、強制的で厳しすぎるトイレット・トレーニングにより幼い子どもが無力感を感じると、その無力感を補完するために、括約筋を引き締めることで自分の権利を主張するようになります。（圧力をかける両親という）上位からの力に、排便の拒否によって対処するのです。やがて子どもは頑固になり、こうして保ち続ける（retentive）ことで両親をコントロールし、裏をかくことができると学びます。なんらかの理由でこのパターンが変わらないままだと、頑固さと、保持し続けること（retentiveness）は望ましい特徴だと信じるようになり、問題解決や人生を生きていくうえでの一般的な手段として、こうした性格を採用するようになるのです。

肛門性格のおもな特徴としては、几帳面、過度の倹約、強情さがあります。この強情さは極端で、つねに、要求されるのと正反対のことをしなければいけないように感じる場合があります。これは、子ども時代に、おまるで「うんちしなさい」と強制されたときに初めて感じた怒りやサディスティックな考えを、受身的に表現したものと見ることもできます。

精神分析家はまた、肛門性格の人間は、もともと自分の便を扱ったのと同じやり方で金銭を扱うと言います。つまり、お金に細かく、狂信的なまでにいつまでもつかんで手放さない……ということです。

肛門性格ということばには、間違いなくあからさまな悪意がこめられており、「アスホール（クソッタレ）」という同類のことばと同じく、他者を侮辱する目的のみに使われます。また、アスホールということばが日常生活に深く入り込んでいる事実も、非常に興味深いことではないでしょうか。このことばは、私の知るかぎり、ジークムント・フロイトが使ったものではありませんが、比喩的な意味で、おもに怒りや軽蔑、暴力性というかたちで自分の便を他者に投げつける人物のことを指しています。私は、アスホールとして知られる性格の持ち主の幼いころのトイレット・トレーニングについてはなんら知らないことを白状しますが、とにかく、排泄にまつわるこのふたつのことばが、社会的言語としていかに頻繁に使われているかを考えると、私たちはものすごい勢いで、重度の嗜糞《しふん》症（訳注1）人種に変貌を遂げるのではないかと疑います。私のこの意見に同意しない方は皆、肛門性格に間違いないでしょう。

（訳注1）糞便に対する性的要素を伴った嗜好。

Q30 （ペットにとりつかれた自分は異常か） 私はペットの猫にすっかりとりつかれてしまいました。母は、私が子どもを欲しがっているのだと考え、彼氏は、私に無視されているように感じています。私は自分がまともだと証明したいのですが、母や彼氏は、私の行動は異常だと遠回しに言い続けています。私はおかしいのでしょうか？

A あなたが、自分の猫への感情について使っている「とりつかれて（obsessed）」ということばがなにを意味しているのか、私にはよくわかりません。多くの人がペットにたいして深く情緒的な愛情を抱きますし、それ自体はあきらかに健全かつ充足的なことです。しかし、あまりに猫に夢中で、人間関係よりも大きな存在になっていたり、人間関係が蝕まれたりし始めているなら、なんらかの問題の始まりを示しているのかもしれません。

多くの人は、自分とペットだけで過ごす時間を楽しみます。それは、人間関係で起こりがちな衝突や複雑な問題から離れたいと感じたり、避ける必要があるからです。ペットはふつう従順なものです。好意や愛情には無条件に感謝し、報います。そして、私たちの不条理で不合理な考えや意見にたいしても、反論したりバカにしたりすることはほとんどありません。あなたが必要とするときにはいつでも傍にいてくれますし、命果てるまで、あなたを見捨てることもほぼありません。あなたの外見には頓着しませんし、性格的な欠点を非難することもありません。家に帰れば、よだれまみれのキスや騒がしいミャーオの声で歓迎してくれ、私たちがたまに見せる卑しい行いも、ほとんどいつも簡単に許してくれます。

善良な人間も、こうした同じ資質の多くをもっていますが、動物ほど首尾一貫して無条件に見せてはくれないものです。この事実を受け入れるのがとくに難しい人たちは、だからこそ、ペットと自分だけの関係にのめり込むようになるのかもしれません。つまり、彼氏が指摘するように、猫という友人への愛情が、あなたにとって大事な人たちと疎遠になることへとつながっているようなら、猫への激しい愛情の理由をよく考えてみるべきときかもしれません。

Q31 （整理整頓ができないのはダメ人間か） 部屋がグチャグチャな人間は、人生もグチャグチャだというのはほんとうですか？　自分は「まともな」人間だと示すには、家を片付けなければいけないのでしょうか？

A きちんと整理整頓するのも、散らかし放題なのも、それ自体は人の精神状態を反映するものではありません。私の記憶が正しければ、この点は、ヘレン・ケラーの子ども時代を描いたすばらしい映画『奇跡の人』（原題 *"The Miracle Worker"*）のなかで印象的に説明されています。ヘレンの父親は、ひどくあたたかみを欠き、度量が狭く、秩序と整然を重んじる人でした。彼はヘレンの家庭教師にたいして、「清潔は神性に次ぐ（cleanliness is next to godliness）」と宣言しますが、深い知性と繊細さの持ち主であるヘレンの教師は、この月並みな決まり文句を、次のような返答で一刀両断にしたのです――「清潔にはなんの意味もありません（cleanliness is next to nothing）」。

この話題で思い出しましたが、卓越した現代小説家でノーベル賞受賞者でもある人物の自宅は、いつも無数の原稿と本とで散らかり放題だというのをどこかで読んだことがあります。もちろん、この小説家の家が混沌としているからといって、それが無秩序な精神を反映しているとか、そうした精神状態が原因だということはないのです。

ここで矛盾を恐れずに言いますと、抑うつを経験する人のなかには、自分の周辺を清潔にするエネルギーや意気込みをなくしてしまう人がいるのは事実だと指摘しなければいけません。周りが散らかっているせいでむなしさや失望といった感情がさらに深まると、悪循環が起こりうるのです。

そうした状況に入ってしまうと、抑うつ状態にある人は、散らかっていることにより抑うつそのものを日々思い出すことになり、うまく掃除に取り組むのがますます難しくなります。こうしたジレンマに直面した人は、目の前のゴチャゴチャを片付けるには落ち込んだ気分をひとまず棚上げするのが有益だと気づく場合もあります。悪意に満ちた敵と取り引きするときと同じ戦法をとるわけです。

あなたの話に戻りましょう。散らかった家が好きならそうしておけばいいと思いますが、あなたの家事の基準がどんどん低くなり、友人が訪問するのを嫌がるようになるなら、いまのライフスタイルを再考する必要があるかもしれません。

Q32（結婚にたいする過剰な恐怖） 私と彼氏にとって、結婚はどうしてこうも恐ろしい問題なのでしょうか？ 私たちは、身を固める勇気をふるえそうにありません。もう一緒に住んでいますし、指輪をはめていないというだけで引け目を感じるなんて、バカみたいに思えます。

A 結婚をただの社会的慣習・儀式だと考える人もいますが、多くの人にとって、この古来からの制度には、まだ非常に特別な意味があります。ただ「一緒に住む」ことから、結婚という「関係を結ぶ」ことへの移行は、関係性を荘厳にすることだと考える人もいます。こうした人たちにとって、結婚はお互いにたいして真剣に関わることであり、愛する人に個人的な責任を果たすための、より深くより長期的な誓いを意味します。

一部の恋人たちにとっては、未婚であることが、子どもをもつという決意を先延ばしにする許可証となります。子育てをするかどうかについての決心は、法的な結婚によってプレッシャーが増すと考えられます。

結婚を延ばしたり避けたりすることには、自由を保証する意味もあるでしょう。結婚による法的な束縛がないかぎり、関係が少々しんどくなれば、お互いから簡単に逃げられる気がします。法的な結婚は、解消したり放棄したりするのがより難しいという事実のせいで、どんなことをしても避けるべき、自分の首を絞める罠の一形態だと感じるのかもしれません。

最後になりますが、子ども時代に、自分の両親が離婚したり悲惨な結婚生活を送ったりしているのを目の当たりにした人の多くは、制度としての結婚を信じない態度をもつようになります。自分の両親が結婚に失敗したことを、結婚というのはふつう成功しないものだという証明とみなすのです。その結果、自分自身が結婚という宿命的なステップを踏めば、必ず失敗する運命にあると恐れるようになるのです。すべての結婚の約半数が実際に離婚に終わっていることを考えれば、純粋に統計的な立場から見ても、最悪の事態にはいたらないと信じる理由はほとんど見当たりません。

Q33（勉学意欲を維持できない） 子どものときから、はじめの短期間はうまく勉強できるのですが、そのあと突然、なぜか勉強への関心を失ってしまい、落第したり途中で挫折したりする傾向があります。自分は頭は悪くないと思っていますが、このパターンを打ち破れないのです。なにが起きているのでしょうか、そして、どうしたらいいでしょうか？

A あなたと同じ困難を抱えた多くの学生たちと会ってきました。勉学面で成功しようという動機を長期的に維持できない理由の根源を探ると、いくつかの興味深い事実がしばしば姿を現します。こうした多くの学生たちの親は、勉学面の追求において、非常に熱心かつ処罰的だったようです。こうした親のなかには、子どもを監視し、子どものふとした間違いを脅かすように批判する者もいます。たとえば、ひどい内容の成績表を持ち帰った子どもを叱責しバカにする親は多く、かといって、子どもがすばらしい評価をいくつも受けて帰って来ても、そうした前向きな達成は無視し、たまに持ち帰るひどい点数の重大性を誇張するのです。

やがて子どもは、当然のことながら、自分の勉強や成績にたいする両親の関心はきわめて自己中心的なものだと感じるようになります。勉学の追求をとおして自分がなにをどのように学ぶかということよりも、よい点数、高名な教育機関からの学位、究極としての金銭的成功といった、勉強の結果にたいして興味をもっているのだと認識するのです。また、勉強の結果として子どもが獲得する真の個人的充足よりも、子どもの学術的成功が親である自分たちに最終的にどう反映されるかを気にしているのだ——という根拠ある結論まで引き出すこともあります。両親が自分の学術的経験の質には実は興味がないことを発見すると、子どもは失望に苦しみ、結果としてやりがいを失うことになります。そして次にはなにが起こるでしょうか。

そう、学生は時間をかけて（場合によっては、何年もかけて）、学術的達成はあきらかに自分の利益となり、本質的に価値のある目標だと意識するようになりますが、それでもなお、勉強しよう・学ぼうという幼いころの意欲を台無しにした張本人である両親への怒りの感情を解決できず、報復行動をとおして落胆と苦痛を与えようという無意識的な願望をもつ場合があるのです。復讐心に燃えた学生のなかで、その報復は、自分が勉学面で失敗すれば両親は情緒的苦痛を味わうだろうという、ほとんど無意識的な信念のかたちをとります。

いまや、その学生はみずからの苦痛に満ちた選択に進退窮まっています。彼にはふたつの相矛盾する動機があります。ひとつは、自分自身のために、勉学面で成功したいという意識のうえでの望みです。そしてもうひとつは、大部分は無意識的なもので、両親の利己的な要求に勝利を収め、打ち負かしたいというニーズです。この特殊な葛藤を解決するには、あるいは、せめてその抑圧されていた感情を行動に表すには、どうすればいいのでしょうか。

最初は、学術面で成功したいという意識的で健全な欲望に基づいて行動することができます。しばらくのあいだは、自分の個人的関心を、野心の先頭の位置に維持しておくことが可能なのです。しかし、理由ははっきりわからないまま、自分が達成した学問的進歩のせいで突然不安になり、落ち込んでくることに気づきます。両親とのあいだに引き続いている葛藤との無意識的な遭遇を認識することなく、彼は突如として、ある事実に直面します——自分が学問的に成功し続ければ、「自分の失敗の結果として両親が苦しむ姿を見たい」という、長く抱いてきた望みを実現できないだろうという事実です。そして最後には、この悪意に満ちた幻想の力に屈することになってしまうかもしれません。たんに勉強への興味を失ったり、無意識的な力によって、新学期のストレスに満ちたプロセスに取り組むのをあきらめてしまったりするのです。

もちろん、いま描いたシナリオがあなたに当てはまるかどうかはわかりませんが、私は実に多くの学生が、両親とのこうした葛藤に起因する問題と闘ってきたのを目の当たりにしました。そうした学生のひとりについて、私は、『不思議な予言者——心理療法から（*The Mystified Fortune-Teller and*

Other Tales from Psychotherapy)』という著書のなかの一章、「いらつく目覚まし時計(The "Fuck You" Alarm Clock)」と題した臨床をもとにした小品で描いています。おわかりのとおり、この問題は非常に複雑なため、ときに解決には心理療法が必要となります。ただ、私は複雑だとは言いましたが、解決不能とは言っていませんので、どうぞそれを心に留めておいてください。慢性的な学習困難を抱える多くの学生は、自分の道をふさいでいた情緒的葛藤を徐々につきとめ解決していけば、ある種の動機とやりがいを獲得することができるのです。

Q34 (盗み癖のある友人) 私の友人には、万引き癖があります。いままで捕まったことはありませんが、彼女のことが心配です。盗むもののなかには、実際、必要でもなければ使いもしないものもあり、彼女の収入額から考えても、簡単に買えるものなのです。いったい、どういうことでしょうか?

A 盗みの強迫観念をもつ人(ときに、窃盗症《クレプトマニア》と呼ばれます)は、経済環境や必要性を理由とする場合を除けば、ふつう、深く横たわる心理的葛藤(大半は無意識的)を原因としています。その多くは、子ども時代に愛や愛着、慈しみを十分に受けられなかったか、受けられなかったと信じ込んでいます。
そのため、彼らは激しく絶え間ない復讐心をもつことになります。親の愛を果てしなく求めるため、

（洋服や財布といった）盗品を、子どものときに受け取らなかった（と彼らが主張する）愛情の代用品や補完物とみなします。つまり、盗みをはたらく店を、親からの情緒的「ご褒美」の源泉として象徴的にとらえ、そもそも快く無制限に与えられることのなかった「ご褒美」を、いまこそ盗む必要があると考えるのです。この無意識的な公式をことばにすればこうなります――「あなたがくれないなら、自分でとるわ」。

さらに、万引きの際に無謀ともいえる大胆さを見せる者もあることから、こうした復讐心以外にも原動力があると考えられます。第一に、その無謀さから考えて、復讐に燃える窃盗症者のなかにも、自分の反社会的行為に罪悪感を抱いている、あるいは、捕まって罰してもらうために無思慮に行動する者がいるようです。実際、懲罰が無意識的な償いの役目を果たすのは、自分が最近犯した犯罪にたいしてだけではないのです。子ども時代に自分の深い情緒的ニーズを満足させようとしなかった、あるいは、満足させられなかった源泉から愛を求めるという本質的かつ象徴的な「犯罪」にたいしても、贖《あがな》いとなっていると見られます。

第二に、窃盗症者の見境のない危険なふるまいは、その根底では、助けを求める心の叫びなのかもしれません。窃盗症者はおそらく、幼いころに鋭い情緒的拒絶を経験したせいで、情緒的支援を直接的に求めることに疑いと怒りを感じるため、盗みという間接的で変装したかたちで助けを求める必要があるのです。窃盗症者は捕まり、起訴され、心理カウンセリングを紹介されるケースがあるため、助けを求めるニーズは最後には認識され、うまくいけば、治療され、解決されます。

あなたの友人が法的な困難にみずから入り込んでしまう前に、必要な心理的支援を受けられるよう祈りましょう。信頼されている友人として、あなたは、強迫的窃盗の問題を治療するには心理療法が非常に役立つことを知らせてあげるのがいいでしょう。

Q35 （父に似てカッとなる性格は遺伝か） 父も私も、不当な扱いを受けたと感じると必ず頭に血がのぼります。人の性格というのは、どれくらいが遺伝性のもので、どれくらいが後天的なのでしょうか？

A 新生児を対象とした諸研究では、遺伝子的に、他者と比べて行動的で興奮しやすい人がいることが示されています。しかし、ほんとうに「カッとしやすい」気質になるかどうかは、ほとんどの場合、子ども時代にもっとも親密に同一化した人物――両親、兄弟姉妹、祖父母、教師など――とのあいだの情緒的経験が第一の基盤になるようです。

あなたの手紙によると、お父さんとあなたとは、不当な扱いを受けるととくに苛立つとのことですね。これは、あなたが幼いころ、お父さんのパーソナリティのうち、ふたつの特徴に強く同一化した可能性を示しています（もちろん、ほかの数多くの特徴にも同一化したはずです）。ひとつ目は、出会った人の不正やずるさの深刻度と、そうした不正（と感じるもの）によって自分がほんとうに傷ついた度合いとを、大袈裟にとらえすぎる傾向です。ふたつ目は、落ち込みとストレスに対処する際に、お父さんには展望と回復力が比較的に欠如している点です。

「なぜ子どもは、社会的に有害で、トラブルの原因となるような親のパーソナリティ特性に同一化するのでしょうか？」とあなたは尋ねるかもしれません。そう、ひとつには、幼い子どもはたいてい依存的で感受性が強いので、ほぼ無条件に親を賛美し熱心に見習って成長するからです。それゆえに、親の健全なパーソナリティ特性と、不健全なものとの区別をはっきりとつけられる立場にありません。残念ながら、多くの人間が、親の見苦しく不快な特性を自分が採用してしまったことに、少しあとになってから——大人になってから、気づくことになるのです。

この問題にたいする第二の説明は、カッとしやすいというような、多くの厄介な親の特性は、幼い子どもにとっては非常に恐ろしいものでありえるという事実です。子どもは、恐怖と無力感から、恐ろしい親と寸分たがわぬ特性を育てることによって、その猛攻撃から自分を護るのです。あなたの場合は、不当に扱われた際にかんしゃくを起こすという傾向です。カッとしやすいというパーソナリティ特性が世代から世代へと受け継がれるのは、遺伝子よりもむしろ、この心理的プロセスによる場合が多いのです。これは精神分析派には「攻撃者との同一視（identification with the aggressor)」として知られています。

Q36（太りすぎの友人にダイエットをすすめたい） 友人はすごく太っていて、私自身はすごく痩せています。私は自分の体重を気にするほうですが、それが、友人を畏縮させているように感じます。どうしたら彼女にダイエットするよう励ませるでしょうか？　痩せた私にはなにも言う資格がないようにも感じますが、彼女の役に立ちたいのです。

A　あなたの手紙を読んで、太った人と痩せた人についてのあるジョークを思い出しました（ひどくまずいジョークかもしれません）。偶然出会ったふたりは互いをからかいました。先に戦いの火ぶたを切ったのは太ったほうです。痩せたほうに向かって、「きみの様子を見たところ、ひどい飢饉があったようだね」と言ったのです。痩せたほうはこう応戦しました。「きみの様子を見ると、飢饉の原因はきみのようだね」。

さて、あなたの質問に戻りましょう。一番の方法は、あなたが分別と忍耐をもって、太った友人の助けになることだと思います。過度の肥満は、遺伝子的素因と、皆同じでなくてはというピア・プレッシャーにより悪化しうる複雑な情緒的要因とがからまって起きることが多いのです。友人といるときにあなたが抱く自意識や、彼女がよりよく自分をケアできるように勇気づけたいという思いが、共感の気持ちから生まれているのは確かです。その共感を、彼女が太ったままで居続ける権利や必要性を尊重することに使ってください。いつか彼女自身が人生の様相を変えようと決意する日が来るでしょう。
さらに、よき友人であるあなたは、彼女がセルフ・ケアの方法を学べるお手本としていずれ手伝うこともできるでしょう。とにかく、気がとがめるばかりに、彼女の個人的なことがらにあれこれ口を出したりしないよう極力努力しないと、友情がダメになります。最後になりますが、あなたにとってあまり不快でないなら、自分たちふたりの身体的な違いについて感じていることを彼女に伝えてみてください。そうした会話は、たぶん最初バツが悪いでしょうが、お互いへの尊敬と思いやりを忘れなければ、友情を深められる可能性があると思います。

Q37（旅先でしか親友がもてない） 私はいままでたくさん旅をし、海外で深い友情を結びました。問題は、同じことがここではできないということです。多くの人たちと会いますが、彼らを知ることなどできそうにないし、一緒になにかすることもほとんどありません。どうしてでしょうか？

A ホーム・グラウンドに碇《いかり》をおろしているときよりも、海外を飛び回っているときのほうが友達づくりに成功できるのはなぜか、正確なところを知るのは簡単ではありません。故郷を離れると行動が変わる人がいますが、それは、家族や友人、雇い主などといった日々の制約から逃れて自由を感じるからです。日頃、そうした人たちとの関係において見せる責任や抑制は、ホームベースを離れた途端に脇に押しやられます。そして、旅行中に結ぶものにありがちな、どちらかというと一過性の友情にたいする、より暢気な態度に取って代わられるのです。あなたは、海外での友情を「深い」と表現していますが、ほんとうにそれは深いのでしょうか。それとも、激しく、気分を高揚させ、本質的にそして予想どおり短期間で、真の親密さはたいして要求しないという事実に基づく**安全**なものだからこそ、たんに深く見えるだけなのでしょうか。言い換えれば、家の近くの人たちとは深い友情を結べず、たとえ短期間でも、海外ではよりよい友情を築けるのは、同じことが原因ではないでしょうか――すなわち、ほんとうの親密さを作り上げるあなたの能力に、限界があるという理由です。

旅先で見知らぬ者同士が出会ったときに抱く唯一の（意識的な）期待は、「お互いと一緒にいるきわめて限定された時間を、最大限に楽しむ」ことであるのがふつうです。この期待はそれ自体において、オープンさと自発性を促します。だからこそ、人は、飛行機のなかや遠く離れたリゾート地で、まったく見知らぬ相手に、心の奥底にそれまで隠していた個人的な秘密を話してしまうのです。この親友にふたたび会うことはない、少なくともある程度の期間会うことはないとわかっていれば、個人的リスクはたいしてありません。ほんとうの意味での親密さというのは、友人やパートナーにたいして、相当の期間をとおして率直さと粘り強さを維持することを必然的に伴うのがふつうです。**相当の**期間とはどれぐらいのことでしょうか。あなたに考えてほしいと思います。

もし私のコメントが、あなたの孤独感や自己疑念と関係があるように思うなら、あなたのジレンマを解決する手段として、個人カウンセリングを検討するのがいいかもしれません。

Q38 （夫に魅力を感じない私） 私はもう夫に魅力を感じませんが、彼が与えてくれる保護を失うことを考えると、別れるのが恐ろしいのです。だからいまは、婚外恋愛に走っています。私はどこかに助けを求めるべきでしょうか、それともほうっておけば自然に解決することでしょうか？

A もうご主人には魅力を感じないという事実により、あなたはあきらかに、孤独でむなしい気持ちを抱いています。婚外恋愛という束の間の火花で情緒的空虚さを克服しようとしても、せいぜい、停滞状態から一時的に自分を引き揚げているにすぎません。あなたの婚外恋愛は、もう魅力的な存在でない配偶者にたいして感じているあなたの絶望、怒り、腹立ちを表す以外のなにものでもありません。

逆上し、失意のうちに恋愛から恋愛へと跳び移るのはやめて、あなたの後ろ向きな感情をご主人と直接、正直に話し合うほうがいいでしょう。ご主人の欠点を責めたり非難したりするのではなく、あなたの気持ちにたいしてご主人が反応する正当な機会を与えてください。そのような会話があまりに不快だったり、非生産的だとわかれば、あなたがたご夫婦には、カップル・カウンセリングの利用が有益かもしれません。

そうした努力を尽くしてもなお、ご主人といると不愉快で、しかし彼が提供してくれる保護を失うのが怖くて別れられないということに気づいたら、そうした恐怖に取り組み解決するために、個人療法に入るべきです。あえて申し上げると、あなたの中心的な問題は、捨てられることにたいする不安だと考えます。まったく魅力のない、充実感のない人間関係からいつまでも離れられない人にはきわめてよくあることです。

Q39（共依存とは） アルコールと薬物の濫用に苦しんでいる友人がいます。評判のいいリハビリ施設に連れて行ったり、AAのミーティングにも何回か一緒に参加しました。周りのみんなは、私が「共依存」状態にあるのだとずっと言い続けています。こう言ってはいかにも頭が悪そうでしょうが、実はそのことばの意味がわからないなんて、いままでおくびにも出しませんでした。この「共依存」について、教えてもらえないでしょうか？

A いまとなっては過剰に使用されている「共依存」ということばは、他者の悪癖や依存症と共謀したりそれに寄与したりする傾向のことを指すのがふつうです。多くの人にとって、共依存は無意識的なレベルで実行されます。

たとえばある女性は、薬物とアルコールによる慢性的な自己虐待を夫が克服できるよう、意識のうえでは心底から願っています。しかし、夫にたいして長年惜しみない忍耐強い支援と理解を提供してきた彼女は、ある意味、自滅的なみずからの行動に許可証を与えてくれる存在として夫には映っているのです。しばしば、共依存的な人間は、過度に忍耐強く、はっきり意見を言わず、異常なほど許容的です。自分の権利やニーズを主張するときはいつも罪悪感や後悔を感じがちなため、パートナーは簡単に彼らを操作し押し切ってしまうのです。典型的な薬物中毒者やアルコール依存症者は、防衛機制として否認（denial）を使用して、自分たちは実際に依存的なパーソナリティであるという事実に異議を唱えます。非常に興味深いことに、共依存的な人間もまた、パートナーの依存症の深刻さや破壊性にたいして自分に目隠しするために、否認を利用します。

友人たちが、共依存について警告してくれているなら、あなたはアルコール依存症の友人の問題解決に過度に没頭している可能性があります。もしそうなら、気付けの一杯とするべく、あなた自身が心理カウンセリングを探してみるといいかもしれません。

Q40　**（学業に過度に干渉する父親）**　父は、私の学業にひどく口出ししてきます。どんな種類の課程をとるべきかとか、どの分野を専攻すべきかについて自分の思いどおりにしようとするのです。高校時代にもそうでしたが、父親の関わりはたいして役に立ちませんでした。もう私は大人ですから、自分自身で決定したいのです。父の気分を害さないように説明するにはどうしたらいいでしょうか？

A　学業や職業における子どもの追求にたいして、過度に干渉してしまう親は少なくありません。結果として、善意のものでありながら、親のアドバイスやガイダンスはタイミングのずれた見当違いのものとみなされる場合がよくあります。あなたの学業にたいする情緒的関与の激しさを考えると、お父さんはあなたの学術的成功を自分の自尊心の象徴だととらえているのでしょう。つまり、あなたの学術的達成を、親の名誉だとみなしているのです。この種の自己中心的なプライドは必ずしも有害ではありませんが、お父さんは、あなたの学術的成功のためにあまりに張り切りすぎているようです。

お父さんに向かって、「支援はありがたいけれども、勉学目的を自分で決定して達成することこそ、個人の幸福にとって本質的なこと」と説明したほうがいいでしょう。お父さんに、次のふたつの要点に気づいてもらうのが有効かもしれません。（a）通常、自分が選んだ学術的および職業的キャリアにおける最大限の個人的幸福は、ほかのだれでもなく、自分自身に固有の興味や適性に合致したテーマを研究し習得することによって可能になるということ。（b）自分の学術的選択に間違いや問題が伴うことは十分に予期しているが、そうした避けがたい間違いからなにものかを実践的に生み出し学ぶことこそ人間の教育的経験にとって本質的な部分であり、それゆえ、批判されたり、検閲されたり、くじかれたりすべきではないということ。

最後になりますが、こうした本音の対話をもったあともなお、お父さんがいままでと変わらず理不尽で聞く耳をもたないなら、学術的独立を主張しつつお父さんの気分を害さないでいることにたいして、いまの時点であなたができることはほとんどないと認識すべきときかもしれません。あなたが心から願う目標を達成するためには、支払うべき対価かもしれないのです。

Q41 （デート・レイプ問題について） この何年か、デート・レイプ問題に関する報道が非常に目立ちます。この問題について説明してくださいますか？

A デート・レイプの問題は、昨今の米国の大学キャンパスにおいて非常に広がっており、きわめて深刻です。三二の大学で女性に調査をとった結果、一五パーセントが少なくとも一度はレイプされた経験があり、そのうち八九パーセントにおいて、レイプした人物は女性が知っている相手でした。この調査において、被害者の四分の三は自分の体験をレイプだと認識しておらず、関与した男性のだれひとりとして、自分が犯罪を犯したとは考えていませんでした。デート・レイプを犯した男性の約四五パーセントは、また同じことをやるかもしれないと語っています。レイプの犠牲となった女性の三分の一以上はその経験をだれにも話しておらず、九〇パーセント以上が、警察への通報を行っていませんでした。結果として、デート・レイプが起訴されたことはほとんどなく、暴行者が有罪判決を受けた例となると、さらに少ないのです。

別の調査によると、「うまくやりとおせるとわかっていれば、相手の意思に反してセックスを強要することがあるか」と尋ねられた男性のうち、約半分が「ある」と答えています。しかし、同じ男性が、

「うまくやれるとしたら、女性を**レイプ**するか」と聞かれると、イエスと答えるのは約一五パーセントだけです。あきらかに、多くの男性は、本人の意思に反してセックスを強要することがレイプだとは認識していないのです。

米国大学保健協会（the American College Health Association）は、レイプのリスクを減らすための対策として次のように勧めています。

●女性にたいしての提言

1　あなたには、限界設定の権利があると信じること。「ノー」と言いたいときには「ノー」と言うこと。

2　性的に圧力をかけてくる相手にたいして、きちんと自分を主張すること。受身でいることは、許可だと解釈されてしまうことがあります。

3　女性がセクシーなドレスを着たり、誘惑的なそぶりを見せることは、すなわちセックスを望んでいるのだと考える男性がいることを覚えておくこと。

4　周りの状況に注意をはらうこと。危険な状況に身を置かないこと。

5　薬物やアルコールを過剰摂取しないこと。

●男性にたいしての提言

1　周囲からの社会的圧力に負けないこと。女性を「モノに」できなくても、なんの問題もないのです。
2　「ノー」と言われたら、それは「ノー」なのです。「ノー」と言われたらやめること。
3　女性がセクシーなドレスを着たり、誘惑的なそぶりを見せることが、すなわちセックスを望んでいるのだとは考えないこと。
4　薬物やアルコールを過剰摂取しないこと。

このテーマについては、『リアル・レイプ』〔スーザン・エストリッチ著、中岡典子訳、ＪＩＣＣ出版局刊、原題 *“Real Rape”*〕というすぐれた書籍が出ています。法学教授である著者自身、レイプの犠牲者でもあります。

Q42 （三歳の男児に性器についてきかれたら） 新しいガールフレンドには、もうすぐ三歳になる男の子がいます。彼女の家にいるとたまにその子が寄って来て、ぼくのズボンのファスナー部分を押しながら「これなに？」と尋ねるのですが、これが少々いらつくのです。ガールフレンドは、『ぼくのおちんちんだよ』とだけ答えて、それ以上あれこれ言われても放っておけばいい」と言います。彼女はたんに名前や形の話だと思っているのでしょうが、その子は、母親とぼくがセックスしているのを見たことがあるようなのです。ぼくはひとりっ子で、子どもと一緒に過ごした経験があまりありません。親密なテーマや身体の機能について、この子にどう切り出すべきか、アドバイスしてもらえませんか？

A 通常、子どもにセックスの話をするときは、冷静で事実に基づく方法をとるのが有効です。だからといって、人間の性器と再生産システムについて、重厚かつ長大な科学的議論を展開してみせるべきだと言っているわけではもちろんありません。ガールフレンドの息子さんの性的好奇心のせいでイライラするなら、その子に向かって、「ぼくはちょっと恥ずかしがり屋でそういう話をするのが得意じゃないけれど、きみの質問にはできるだけうまく答えられるように努力するよ」と言う必要があるかもしれません。こうしたアプローチのおかげで、自分の質問できみがイライラしても、それは自分が悪いわけではないとその子は認識できるからです。

当然ながら、あなたには、ある程度きっぱりと、かつ繰り返し、自分の性器に触ってほしくないと彼に言う権利がありますし、その練習をするべきだと思います。罰則を持ち出さずにそれができれば、自分の身体的統合性を尊重してほしいというあなたの希望を伝える効果的な方法となりえます。幼い子どもが、こうした尊重の原理を理解することは非常に重要です。というのも、彼らが自分の身体や、将来愛する人の身体を究極的にどう扱うようになるかは、おそらくそうした理解によって決まるからです。

あなたは、母親とのセックスをそのお子さんに見せることで、みずから災難を招いているように私には思えます。子どもにとって、そうした経験は、激しい無力感、嫉妬、多岐にわたる問題行動へとつながるのがふつうです。だからこそ、部屋のドアはきちんと閉めて、あなたがたがことを始める前に、息子さんが自分のベッドで安心して眠りにつくのを確認してください。

ところで、何年も前に書かれたものですが、すばらしい本があります。『あかちゃんはどこから?』〔ローズマリー・ストーンズ著、やまもとなおひで訳、ポプラ社刊、原題“*Where Do Babies Come From?*”〕というタイトルのこの本は、驚くべきウィットと知恵と事実に基づく知識とで子どもからの性的な質問に答えています。この本をガールフレンドの息子さんに読んであげたらどうでしょうか。あなたも息子さんも大いに楽しめるでしょうし、おまけに、この本を読んであげるという経験が、少年に親密な会話を切り出す際の緊張をほぐしてくれるかもしれません。ちなみに、もしあなたが「おちんちん」ということばを使いたいならそれもいいですが、ガートルード・スタインのことばをかりて言い換え

るなら、ペニスはペニスであり、ペニス（以外のなにものでもないの）です。（訳注1）

Q 43（政治と宗教について交際相手とけんかになる） 新しい彼氏ができました。映画や音楽など、共通する趣味もたくさんあります。でも、政治や宗教といったまじめな話になると、いつもけんかしてしまうように思います。これってふつうですか？

A ジョナサン・スウィフト（訳注2）は、「宗教は私たちを憎みあわせるには十分だが、愛しあわせるには足りない」と書き、政治については、ウィル・ロジャース（訳注3）が「皆さんに申し上げましょう。すべての政治はたわごとです」と言いました。

たいていの人にとって、政治や宗教というテーマはきわめて重要な個人的価値観と大志とに満ちたものです。事実上、私たちがどういった政治的・宗教的信念をもち、どの政治・宗教団体に所属するかに、幼いころからずっと私たちの生活を導いてきたすべての本質的な理想が表現されるのです。そ

（訳注1） Gertude Stein（1874-1946）。米国の著作家・詩人であるスタインの有名な詩「薔薇は薔薇であり、薔薇であり、薔薇である（A rose is a rose is a rose is a rose.）」をもじったもの。
（訳注2） Jonathan Swift（1667-1745）。イギリスの作家。風刺文学の傑作『ガリヴァー旅行記』が有名。
（訳注3） Will Rogers（1879-1935）。米国の俳優、ユーモア作家。

のため、宗教や政治への信念にたいして他者から質問されたり攻め立てられたりすると、奥深い価値観や理想への攻撃だと感じられ、反発するのです。少なくとも無意識的なレベルでは、自分の政治的・宗教的信念に疑問を投げかける人間は、実は自分や家族の品位をおとしめているのだとさえ感じ、抵抗します。このため、宗教や政治というトピックを扱う議論は、熱く、厄介なものとなるのです。

とにかく、彼氏とのあいだの確執はきわめて正常で、知的な意味で刺激にもなり、あなたがたふたりにとって豊かなものとなるように感じます。しかし、ふたりのあいだの政治的議論が、（米国の政党候補者たちのあいだではおなじみの）悪意に満ちた中傷合戦やぼかした物言いにまで到達してしまうなら、あなたがたの関係は深刻なトラブルにあると言えます。すぐにでもカウンセリングを探すべきです。

Q44（精神的疾患の友人の処遇に困る） 私はマンションの管理人をしていて、友人も住人のひとりです。その友人は精神的な疾患をわずらっていて、定期的に感情のコントロールがきかなくなり、ヒステリックに泣いたりわめいたりして、マンションの平和と静寂をひどく乱してしまいます。私は彼女の助けになりたいのですが（すでに精神科医の治療を受けていて、入院するときもあります）、他の住人にたいする責任もあります。この問題をどう解決したらいいでしょうか？

A あなたの書かれたような問題を解決する方法は、ヤマアラシがセックスするにはどうするかといった問題と非常によく似ています――非常に難しく、かつ苦痛が伴うのです。友人の定期的な情緒的噴出を防いだり減らしたりすることに関しては、あきらかに、あなたにできることはほとんどありません。精神科医の治療や度重なる入院も効果がないなら、いくら好意からのものであっても、あなたの支援が彼女の状態に大きな影響を与えられるとは考えにくいでしょう。彼女の精神疾患は自分ではコントロール不能で、多くの同情を必要とするものだと受け止め、我慢することだけが、友人として必要なことかもしれません。

友人が住んでいるマンションの管理人という、もうひとつの役割に関して言えば、あなたには住人への責任があります。ときにそれは、友人にたいする責任との間で対立するでしょう。たとえば、あなたの友人の起こす迷惑行為にたいする苛立ちから、住人の一部が、彼女を追い出せとか、警察に突き出せとあなたに要求するかもしれませんし、それに従わないと、あなたの雇用主に文句を言い、あなたの仕事が危険にさらされるかもしれません。事態がそこまで深刻な状況になってしまったら、あなたは住人と仕事を失うか、それとも友情を失うかといった不快な選択に直面することになるのです。もちろん、友情を守ることにたいして、生計を失うことは非常に大きな対価ですが、そうした犠牲が十分に報いられるのかどうかは、あなたにしか決められないのです。

もちろん、あなたの友人が中間施設《ハーフウェイハウス》(訳注1)の保護的なケアを受けて暮らすことを検討するのも一案です。

(訳注1) 精神病・アルコール依存症などの退院患者や、刑期をほぼ終えた受刑者に厚生訓練を行う施設。

ハーフウェイハウスでは、彼女と同じく精神的障害を抱えた人たちが、現在のマンションよりずっと多くの理解と支援を受けて暮らすことが可能です。こうした案を提示してみて、彼女がその案を進めるのをあなたに手伝ってもらいたがるかどうか、確かめてみてもいいかもしれません。

おそらく現実的ではないですが、別の案もあります。苦情を言う住人ひとりひとりに、友人の精神的障害についてあなたが真剣に話をするのです。彼女の感情の噴出は病気によるコントロール不能の症状で、それ自体は危険ではなく、ほんの短い時間で収まり、地域の精神科機関が責任をもって面倒を見ていることを説明します。こうした説明により、友人の迷惑行為によって引き起こされた心配や恐怖の一部を鎮めることができるかもしれませんし、結果的に、彼女にたいして、より忍耐強い態度をとってもらえるかもしれません。こうした一連の行動を実行するには、当然ながら、多くの時間と忍耐が要求されます。その犠牲の真価を決定できるのは、あなただけなのです。

Q45 （暴力的な交際相手との結婚への迷い） 彼氏と私は、ふだん非常にうまくいっています。でもたまに、彼はカッとなって私に手を上げます。「次に同じことをしたら別れるから」と何度も警告しましたが、もうしないと固く約束したあとでも、やはり手を上げ続けるのです。いま、彼は「きみと結婚したい。結婚すればぼくの暴力的な気性と虐待行為は治るだろうから」といいます。魅力的な考え方ですが、怖くもあります。どう思われますか？

A　答えは簡単です。あなたは恐れるべきです。非常に恐れるべきです。あなたのボーイフレンドは勘違いしているか、嘘をついているかのどちらかです。結婚が治せるのは、原則として、独身生活のみです。女性に暴力をふるう男性というのは、たいてい性格に深刻な傷があるのです。そうした男性は、暴力が日常となっている家庭で育ち、父親が日常的に、かつ他者にとがめられることなく母親にたいして暴力をふるっていたパターンがよく見られます。父親の暴力、配偶者からの虐待を我慢する母親の過度に受身な態度、そうしたものが、ある種の怒りと無力感とともに、その子どもに観察されているのです。

そのような家庭環境で育った子どもは、怒りと無力感を原因とする多くの病的な態度を呈する場合があります。第一に、父親から母親への暴力を憎み、腹を立てているかもしれませんが、同時に、虐待的行為をいかに父親がやりおおせたかを見て、「女性を脅かすための男性の身体的あるいは経済的な力は、女性を虐待してもいいというはっきりとしたライセンスとなる」という考え方を育てる場合があります。毎日虐待に甘んじ我慢している母親の受身な態度を見て、彼自身もまた、「女性は無防備で見下げ果てた、虐待されても仕方のない物体だ」という間違った信念をもつ場合があるのです。

結婚すればあなたのボーイフレンドが虐待性から救済されるなどと仮定するのは、危険な白昼夢と不可思議な幻想とに身を任せるようなものです。彼のような破壊的態度はたいてい、人生の非常に早い時期にパーソナリティに深く埋め込まれており、女性にたいする常習的虐待者のそうした態度を取り除いたり削減したりするのはふつう非常に難しいのです。（あなたのボーイフレンドのように）そうした態度や行動を呈する人間は、プロによる心理的支援が必要です。彼がとることのできる第一の前向きなステップは、自分が深刻な問題を抱えていることを認め、治療に入ることでなんらかの建設的な行動をとることなのです。しかし、プロの助けを受けるようあなたが提案したときに、「明日になれば、自分自身の巨大な意志の力のみによって、驚異的かつ完璧に自分を変えられるのだから、それは良案ではない」と裏付ける理由を彼が際限なく並べ立てても、驚くにはあたりません。

Q46 （仕事と勉学を両立させるには） あまりにハードスケジュールで、ストレスだらけです。夜はフルタイムの仕事をし、昼間は一二単位の授業をとっています。ある程度継続して勉強する時間が不足していると感じますし、それは成績にも表れています。ただ、成績は大事ですが、支払いを済ませて食べていくのも大事です。

さらに悪いことに、このつらい状況がつねに悩みの種で、よく眠れないのです（なによりスケジュールのせいでそんな贅沢はできません）。タイム・マネジメントについての本も何冊か読みましたが、現実的な解決法を提供してくれるようには思いませんでした。このストレスから解放されるにはどうしたらいいでしょうか？

A 身体と情緒に無理を強いるような過度の学術的・職業的負担を負っている学生は非常に多く、残念なことです。よくある話ですが、なんらかの理由でエネルギーと回復力に特異的に恵まれているのでないかぎり、フルタイムの勉学スケジュールと同時に、フルタイムの仕事という重荷を背負うのは、非常にきつい状況です。

あなたはすでに勉学の質の低迷に苦しんでおり、睡眠不足でもあります。それを考えると、超人的な要求を自分に課すというもともとの選択が賢明だったかどうか、考え直すいい時期でしょう。あえて推測してみますが、あなたはたぶん、自分自身を過大評価し、こうした超人的偉業にも深刻な結果を被ることなく取り組めると考えていたのではないでしょうか。同様の状態に苦しむほかの多くの学生と同じなら、あなたはたぶん、こう信じていたのでしょう――自分は、心身の健康に影響を与えかねない多大な犠牲などものともせず、過酷な勉学スケジュールを維持して効果的に大学キャリアを短縮し、望みの分野で儲けのいい職をいちはやく見つけられる、と。

金銭的な理由で仕事のスケジュールを減らせないなら、課程の負担を刈り込むべく真剣に検討するべきです。こう考えるだけで、あなたは落胆し気持ちをくじかれ、まるで負け犬のように感じるかもしれません。しかし、これはあなたの人格的失策を露呈しているのではけっしてなく、むしろ、あまりにハードな一連の身体的・情緒的要求に対処するのは不可能だと示しているだけ……ととらえてください。

どんどん加速する踏み車に乗ったままでいると、深刻な病気やさらなる落胆へとつながってしまいます。自分の身体と精神の健康を護るには、ふつう、大事にすべき目標の獲得を遅らせるほうがずっと望ましいということを、最後に申し上げておきたいと思います。

監訳者あとがき

1　心理療法はだれのためのものか

心理療法はだれのためのものか。言うまでもなく、第一にクライエントのためにあることは明白です。心理療法家のためにあるとすれば、それはあくまでも二次的・副次的恩恵であるべきです。

本書のアマダ博士は、クライエントに向かって、あくまでもクライエントの利益を優先し、素人のクライエントにもわかりやすく、懇切丁寧に心理療法のすべてについて説いています。同時に、博士は長年にわたる心理療法に関する貴重な臨床実践研究に基づいて、心理療法の専門家や心理療法家を目ざす学生や院生、研修生に対し、あらためて「心理療法とはなにか」等、専門家として適切なインフォームドコンセント（正しい情報を得た〈伝えられた〉上での合意）を果たす立場から、きわめて参考になる重要なポイントについて解説しています。

アマダ博士は、クライエントは心理療法についての知識を広め、賢いクライエントになることをすすめています。心理療法の消費者の立場から、クライエントは有能な治療専門家を自ら選び、自分が納得できる心理療法を選択する能力を備えて欲しいとの意向を伝えています。博士のこのような主張の背景には、一向に個々のクライエントの事情をかえりみない、クライエント軽視の昨今の心理療法家主導の心理療法の蔓延化への懸念があるものと推察されます。このような臨床現場における心理療法の現状から、クライエントは自らの利益のために、心理療法に関する適切な知識を備え、クライエントとしての人権を堂々と主張することをすすめています。

筆者（監訳者）もアマダ博士とまったく同感です。博士の貴重な提言に全面的に賛同します。わが国においても、クライエントが自分に合った心理療法を自主的に選べる環境が、現在のところ十分に整っていません。個々のクライエントの問題や症状に関係なく、紹介された心理治療専門家による、その治療者の得意とする専門的治療技法を、無条件に受け入れざるを得ないのが現状です。

このような意味から、クライエントには、あらためて心理療法の主役を演じるのは、クライエントである自分自身であるとの自覚が望まれます。本書でアマダ博士は次のように明言しています（本書七頁）。「治療者は患者の思考、感情、行動など、事実上すべてを知ろうと努力します。もちろん、他者についてすべてを知ろうとしてもそれが完全に成功することはありません。……患者はいかなるときでも、自分自身が考え、感じ、行うことに関しては、治療者よりも自分がよくわかっているからです。治療者は、患者の後ろから追いつこうとする立場にあるのですから、患者が自ら語ること以外には何も知りえないのです」。

2　あらためて心理療法の原点を探る

「ジークムント・フロイトが創設した精神分析学によって心理療法は誕生した」、というのが専門家の定説です。周知のとおり、フロイトは心理療法を人間の心に関する専門的学問として、はじめて位置づけた偉大な祖です。

本書の冒頭で著者のアマダ博士が引用している、次に紹介するフロイトの「治療者として徹底して患者の主体性を尊重する態度」の重要性を説いた提言が印象的です（本書冒頭）。フロイトの箴言とも言えるこの提言を、筆者なりに下記のように解釈し要約しました。

精神分析家として断固として守るべき重要なことは、つぎのことです。

(1) 助けを求めて心理療法家の胸に飛び込んできた患者を、自分の所有物へと変えるべきではない。
(2) 患者の運命を本人に代わって切り開くべきでない。
(3) 心理療法家自身の理想を、患者に押し付けるべきでない。
(4) 創造主のごとき傲慢さをもって、心理療法家のイメージどおりに患者を作り上げるべきでない。

私〔フロイト〕が言いたいのは、なにがあっても、こうしたすべてのことは横暴に過ぎないということだ。たとえ、きわめて賛美すべき動機という衣で扮装していても。

精神分析家として堅持すべきこの貴重なフロイトの確固たる信念を述べた出典に関して、本書では定かではありませんが、アマダ博士の冒頭の紹介の通りです。一般に、フロイトの精神分析学を基盤にした心理療法では、分析家のリードのもとに、患者の無意識の内面的世界へ患者を導くとのイメージが鮮明です。あくまでも分析家主導によって治療が進行すると理解している心理療法家は少なくありません。筆者もその一人です。しかし、ここに至って、筆者はこのような分析家主導の心理療法の底流に、あくまでも患者の主体性を優先し尊重すべき精神分析家としての心得があることに感嘆の思いです。

この際、フロイトのこの貴重な訓戒に学び、心理療法家はあらためてクライエント優先の心理療法の原点へ立ち返る必要があるのではないかと考えます。

さらに、現在、カウンセリングの主流として不動の地位にある、カール・ロジャーズの提唱したパーソンセンタード・アプローチが、とくにクライエントの人間性を尊重し優先する援助技法を最大の特徴としている点に注目する必要があります。ロジャーズのクライエント中心のカウンセリングにおいては、クライエントがその主役を担うことがとくに強調されます。長年のカウンセリング実践経験を通してロジャーズが学んだ結論は、「問題（悩み）のすべてを知っているのは、唯一クライエントである」でした。そこで、ロジャーズはカウンセラーが傾聴的態度に徹し、クライエントに対する無条件の肯定的配慮のもとに、クライエントに対して真剣に耳を傾け、共感的理解に努めることの重要性を指摘したのです。筆者は、心理療法以上にカウンセリングにおいては、よりクライエントの主体性が問われると考えます。また、カウンセリングの成功を左右する重要な要因として、クライエントなりの資質と能力が問われることも否めません。要は、カウンセリングにおいてクライエントのその資質と能力を、いかにして最大限に引き出し活用するかが、カウンセラーに課された専門家としての責務だと考えます。

この意味からも、クライエントには自分自身のために、素人なりにカウンセリングや心理療法に関する有益な情報を収集し、クライエントなりの自分の意見を持ってカウンセリングを受けて欲しいと願います。カウンセラーや心理療法家にすべてを任せ無条件に従うのが、かならずしも良いクライエントではありません。一方的に他人に任すカウンセリングや心理療法からは、クライエントが期待するカウンセリングの成果は得られません。

3　わが国における心理療法の現状と課題

わが国ではカウンセリングや心理療法は、現在のところ欧米にくらべ、私たちの生活へ十分浸透しているとはいえません。いずれも第二次大戦後の二十世紀中頃に日本に本格的に紹介されましたが、まだまだこれからその発展が期待される専門領域です。とくに昨今、わが国においても不登校問題や心因性ストレス反応、精神疾患、自殺問題など、深刻かつ身近な社会的問題を背景に、カウンセリングや心理療法への人々の関心が徐々に高まってきた感じがします。これからのストレス社会を生き抜くためには、人間の心理的問題への人々の関心と認識をさらに喚起し、ストレス耐性を培う必要があります。昨今のわが国におけるカウンセリングや心理療法への社会の関心の高まりはその一歩で、今後のさらなる専門性の向上が期待されるところです。

そこで、カウンセリングや心理療法の専門性をさらに高めるには、その消費者の立場にあるクライエントの力が必要です。つまり、クライエントである自身の問題解決を支援する、真に役立つ専門家を見分ける能力をクライエントが備えることを希望します。クライエントがその力を発揮することによって、俗に巷で自らカウンセラーないし心理療法家と称する専門家としての資質と力量の伴わない者が淘汰され、真に有能な専門家が育ち、ひいては心理療法の専門性の向上に繋がることが期待されます。

当然のことですが、カウンセリングや心理療法の専門家と自ら称するプロのカウンセラーや心理療法家の方々には、その専門性に恥じない力量が期待されます。クライエントに対するインフォームドコンセントやアカウンタビリティー（説明責任）の役割を難なく果たせる専門家としての実力を常に発揮していただきたいと願います。残念ながら、欧米の専門家にくらべわが国におけるこの分野のスタッフの専門性のレベルは、決して高いとはいえないのが現状です。

さらに、わが国では欧米にくらべ、大学院博士課程等におけるカウンセラーや心理療法家を養成する専門的教育訓練プログラムの整備が遅れています。心理的支援を必要とするクライエントの意識向上を図るためにも、その前提条件として、クライエントから十分信頼され、クライエントのニーズに適切に対応できる、専門職としての高度な資質と能力を備えた専門家の教育訓練が急がれます。

最後に、本書の翻訳で訳者の亀田佐知子氏に出会えた幸運に感謝します。素人のクライエント（候補者）の読者にもわかりやすい手馴れた文章表現に感心しました。心から敬意を表します。また、誠信書房編集部の児島雅弘氏からは、今回も本書の翻訳に当たって、きわめて有益なアドバイスやコメントをいただきました。児島氏には、三二年前の監訳者の処女出版以来、数冊の翻訳書で大変お世話になっています。この際あらためて心より感謝いたします。

監訳者　上地安昭

原著者紹介

ジェラルド・アマダ博士（Gerald Amada, Ph. D.）

ジェラルド・アマダ博士はサンフランシスコ市立大学精神保健学部の創設者の一人として、学部長を務めた著名な臨床心理学者です。アマダ博士はカリフォルニア州バークリーのライト研究所（Wright Institute）で社会・臨床心理学の学位（Ph.D.）を取得し、11冊の専門書と、精神保健と心理療法をテーマにした100件を超す学術論文を発表しています。また、*American Journal of Psychotherapy* をはじめ、臨床心理学と精神保健分野の学術専門誌の論文審査委員および評価委員としても活躍されました。

本書は、アマダ博士が30年間におよぶ大学での学生クライエントを対象にしたカウンセリング実践と個人開業心理療法家としての40年間の臨床経験を基盤に、臨床心理学の専門的知見を集大成した代表的な著作です。本書において、アマダ博士は徹底してクライエント（患者）の人間性を尊重する心理療法専門家としてのマインドを強調しています。ユーモアのセンスに富んだ気さくで愛情豊かなお人柄が、アマダ博士についての周囲の評判です。

監訳者紹介

上地 安昭（うえち やすあき）

1969年、広島大学大学院教育学研究科博士課程単位取得退学（教育学博士）。1975年、米国ミシガン大学客員研究員（2年）。1981年、広島大学保健管理センター助教授。1988年、兵庫教育大学教授。2006年、武庫川女子大学教授。兵庫教育大学名誉教授。現在、神戸カウンセリング教育研究所代表。著訳書に、『時間制限心理療法の理論と実際』（金剛出版）、A. E. ハウス『学校で役立つ DSM-IV』（誠信書房）、他 9 冊。「臨床心理士」「認定カウンセラー」「認定スーパーバイザー」の資格を有し、医療・大学・学校カウンセラーとして40数年間心理臨床に携わる。

訳者紹介

亀田佐知子（かめだ さちこ）

1992年、同志社大学文学部英文学科卒業。放送局勤務を経て翻訳業に携わる。訳書に、テンプラー『上手な愛し方 The Rules of Love』、ホープ『ランドスケープ　世界のトップフォトグラファー』（共訳）など。NPO 法人 FLC ネットワーク内の離婚家庭支援事業「Vi-Project: 子どものための面会・交流サポートプロジェクト」スタッフ。大阪市在住。

ジェラルド・アマダ

心理療法ガイドブック

2012 年 9 月 15 日　第 1 刷発行

監訳者　上地安昭
訳者　亀田佐知子
発行者　柴田敏樹
印刷者　田中雅博

発行所　株式会社　**誠信書房**

〒 112-0012　東京都文京区大塚 3-20-6
電話　03(3946)5666
http://www.seishinshobo.co.jp/

創栄図書印刷　協栄製本
検印省略

Printed in Japan
ISBN 978-4-414-40419-7 C3011